ESTRATÉGIA DA DECEPÇÃO

Paul Virilio

Estratégia da Decepção

Tradução de
Luciano Vieira Machado

Copyright © Éditions Galilée, Paris, 1999
Título original: *Stratégie de la déception*
© Editora Estação Liberdade, 2000, para esta tradução

Revisão	Marcelo Rondinelli / Estação Liberdade
Projeto gráfico	Edilberto F. Verza e Antonio Kehl
Composição	Pedro Barros / Estação Liberdade
Capa	Antonio Kehl
Editor	Angel Bojadsen

Virilio, Paul, 1932-
Estratégia da decepção / Paul Virilio ;
tradução de Luciano Vieira Machado. -- São Paulo :
Estação Liberdade, 2000.

Título original: Stratégie de la déception.
ISBN 85-7448-022-3

1. Crônicas francesas 2. Distribuição de tropas
(Estratégia) - Estados Unidos 3. Kosovo (Sérvia) -
História - Guerra 4. Organização do Tratado do
Atlântico Norte - Forças Armadas - Sistemas de
armas 5. Política mundial 6. Sociologia política
I. Título.

00-0400   CDD-306.2
Índice para catálogo sistemático:
1. Sociologia política   306.2

Todos os direitos reservados à

Editora Estação Liberdade Ltda.
Rua Dona Elisa, 116   01155-030   São Paulo-SP
Tel.: (011) 3661 2881 / 3661 2882   Fax: (011) 825 4239
e-mail: editora@estacaoliberdade.com.br
http://www.estacaoliberdade.com.br

Ao padre Patrick Giros

Optou-se, de modo geral, por deixar os recursos gráficos empregados pelo autor (maiúsculas, versaletes, itálicos e aspas), bem como os
termos ingleses, conforme a edição original francesa. (N. E.)

No fundo, a aliança atlântica talvez seja mais um filho ilegítimo e um bastardo dos comunistas que uma criança nascida de nossa vontade.

PAUL-HENRY SPAAK
Secretário-geral da Otan

As três primeiras crônicas foram escritas durante o conflito do Kosovo, entre 19 de abril e 15 de junho de 1999. A primeira delas foi publicada em 27 de abril no *Frankfurter Allgemeine Zeitung*. A quarta foi concluída em 5 de julho de 1999.

1

"A razão nos engana com mais freqüência que a natureza", dizia Vauvenargues... Em todo caso, a natureza do terreno nos Bálcãs parece ter sido totalmente negligenciada pela razão dos senhores de guerra da Otan. Não deixando nenhuma distância tática entre seus meios de ação e seus objetivos políticos, os estrategistas da aliança atlântica deixam transparecer, mais uma vez, a fragilidade de suas concepções militares e dessas visões do futuro que traduzem o ilusionismo técnico dos Estados Unidos a partir do fim da guerra fria.

Numa entrevista, Tony Blair declarou: "Trata-se, no Kosovo, de uma guerra de um novo tipo, que se reporta mais a valores que a um território[1]."

---

1. P. Stephens, *Financial Times,* 17 de abril de 1999.

Com isso ele ilustrava, se não o fim da geopolítica, depois do fim da história, pelo menos o da importância atribuída pelos aliados às condições do meio em que se trava um combate feroz contra um adversário emboscado num ambiente *geológica e geopoliticamente* atormentado.

Adepto de uma guerra teleguiada a partir do espaço satelitário e do espaço aéreo, o general Wesley Clark sugeria, em 12 de abril de 1999, em Bruxelas: "Esta guerra, em toda a História, foi a que mais intensamente utilizou armas de alta precisão"...

A pretexto de evitar danos "colaterais", essa utilização maciça de altas tecnologias não evitaria que o comandante-em-chefe tivesse de se desculpar por certos "excessos", como o do bombardeio de colunas de refugiados.

De fato, exaltando dessa forma a superioridade técnica dos equipamentos aéreos, o general Clark fazia-se menos porta-voz do poderio da Otan que dos teóricos da "revolução dos assuntos militares" do Pentágono, que pretendem, já há alguns anos, aumentar indefinidamente o alcance dos *ataques automáticos* dos mísseis: sobre os desertos (operação *Desert Fox,* no Iraque) e sobre países que se sobrevoam impunemente (operações antiterroristas, no Sudão e no Afeganistão), como se se tratasse, agora, de alargar o conceito de *cidade aberta* dos conflitos territoriais de outrora, estendendo-o ao espaço aéreo das nações soberanas, o *céu aberto* da TELE-GUERRA, completando, de forma estratégica, a desregulamentação econômica dos transportes aéreos, cujo codinome era, como devem estar lembrados, *OPEN SKY.*

Lá onde o deserto da guerra do Golfo Pérsico poderia ainda justificar a utilização sistemática dessas novas "naves do deserto" que são os mísseis Cruise, os *drones* teleguiados e outros objetos voadores não detectáveis por radar, como o F-117, o território montanhoso dos Bálcãs proibia esperar uma "guerra-relâmpago" e iria levar a Otan a um impasse... – o fato de se ter recorrido à Rússia é uma prova da imprevisão geopolítica da operação FORÇA ALIADA.

Em 1997, o plano quadrienal de defesa do Pentágono já anunciava a capacidade dos Estados Unidos de travar simultaneamente *duas guerras importantes,* e também duas *missões de emergência,* de caráter limitado, para "restabelecer a paz", aqui ou ali, em países sem importância... Dois anos mais tarde, é preciso reconhecer se não o fracasso desse programa, pelo menos o risco de uma derrota simbólica e midiática mais grave que a da Somália e, principalmente, a retomada da corrida aos armamentos de destruição maciça (atômicos, químicos...) em numerosos países preocupados com sua soberania nacional.

Nesse sentido, a inovação de uma pretensa *guerra humanitária* para o Kosovo só podia inquietar um crescente número de nações "fracas" e corroborar o receio de todos aqueles que se viam na iminência de, mais dia menos dia, ser alvo das nações "fortes". Se fosse esse realmente o caso, o caráter *contraproducente* dos ataques aéreos destinados a evitar a catástrofe humana dos refugiados do Kosovo – tragédia que esses ataques aceleraram extraordinariamente – seria ainda reforçado pela contraprodutividade, desta vez *a prazo muito longo,* da retomada, não mais de uma guerra fria e de sua oportuna dissuasão, mas de uma ameaça crescente de proliferação nuclear, química e bacteriológica, em países preocupados em se proteger de forma duradoura contra os efeitos de um ataque com armas de destruição maciça, e isto na impossibilidade de usar armamentos de alta precisão, guiados a partir do espaço. A respeito disso, a reação da Índia é especialmente reveladora: "As nações que desejam manter sua autonomia estratégica e sua soberania política não têm outra escolha senão manter seu arsenal nuclear, desenvolver mísseis e tentar aumentar sua capacidade militar. Dado que este último objetivo exige muito tempo e é muito dispendioso, o caminho mais barato nesse meio tempo – antes de obter a paridade estratégica – é, pois, concentrar-se no desenvolvimento de mísseis. *Foi por prever essa lógi-*

ca que os Estados Unidos decidiram desenvolver uma defesa antimíssil e proibir os outros países de aquirir essas tecnologias[2]."

Essa visão do futuro, particularmente temível, é partilhada não apenas pela Rússia e pela Ucrânia, mas também pelo Japão, que acaba de lançar um satélite de observação para se proteger dos mísseis de um Estado norte-coreano em pleno processo de desagregação.

A propósito do conflito do Kosovo, e *qualquer que seja o seu resultado,* coloca-se, pois, a questão – ocultada desde a falsa-vitória na guerra do Golfo – de um *desequilíbrio do terror* em que a infinita disseminação das armas de destruição maciça não deixará nenhum lugar para a *dissuasão entre Estados.*

Forças armadas de terra, mar e ar ou do espaço – cada uma das funções militares promoveu, na história das nações, a evolução dos armamentos e das estratégias políticas, e é preciso portanto voltar à origem do predomínio aéreo, depois do multissecular domínio da força naval, se quisermos analisar, nos dias de hoje, o fracasso da Otan – e isto, vale insistir, independentemente do resultado da guerra do Kosovo.

Lançada pelo italiano Giulio Douhet, a teoria do *poderio aéreo* tentava dar continuidade à do *po-*

---

2. *The Times of India,* 2 de abril de 1999.

derio naval. Ganhar uma guerra *do alto do céu,* essa visão futurista à Marinetti logo foi reproduzida pelo fundador da Royal Air Force, o general Trenchard, experimentando no Oriente Próximo, nas colônias britânicas, pesados ataques de surpresa contra as tribos rebeldes... antes que, por seu lado, o general Mitchell lançasse, mas desta vez nos Estados Unidos, a idéia de uma conjugação dos poderes aéreo e naval, tornando-se o promotor do porta-aviões.

Apesar da ofensiva da Luftwaffe, da *blitz* sobre a Inglaterra e dos bombardeios estratégicos contra a Alemanha na Segunda Guerra Mundial, a teoria de Douhet de que a força aérea podia ganhar uma guerra sem o apoio de uma força terrestre só iria triunfar em Hiroshima, *onde um único bombardeiro B-29 e uma única bomba atômica haveriam de pôr fim à guerra do Pacífico*[3].

Durante o período da guerra fria, o desenvolvimento dos mísseis intercontinentais e o domínio do espaço satelitário para o controle dos mísseis de alta precisão haveriam, infelizmente, de fazer esquecer este fato patente: a guerra aeroespacial eleva a destruição a níveis extremos, e implica *o imperativo de uma arma absoluta:* atômica, neutrônica, química ou bacteriológica.

---

3. Alguns analistas políticos consideraram inútil a bomba de Nagasaki.

E desse esquecimento, ou melhor, dessa omissão alimentada pela ilusão da vitória dos aliados no Iraque, viria a nascer, durante o governo de Bill Clinton, o erro fatal da multiplicação, em todos os azimutes, dos "ataques automáticos" destinados a corrigir os *Estados renegados,* esses Estados-delinqüentes contra os quais os Estados Unidos têm a pretensão de proteger o mundo, graças a suas tecnologias telemáticas.

De resto, indo além das razões "humanitárias" do conflito de Kosovo, o porta-voz do Pentágono Kenneth Bacon viria a declarar, em 15 de abril de 1999: "Achamos que atualmente ainda existem armamentos químicos na Iugoslávia, mas não sabemos em que quantidade."

Prelúdio a uma próxima guinada nos Bálcãs, essa declaração ilustrava bem os limites do famoso *dever de intervenção.* Um limite não *ético,* como se poderia acreditar ingenuamente, mas *estratégico,* tal como o que impôs, há mais de quarenta anos, *o equilíbrio do terror entre o Leste e o Ocidente com a dissuasão atômica,* mas ao preço de uma ameaça de extinção de toda a vida no planeta... Verdadeiro *crime contra a humanidade* que nenhuma sanção jurídica jamais poderá alcançar!

Assim, depois da temível denegação política da Organização das Nações Unidas e, quem sabe amanhã, também a do poder de regulação *defensiva* da

Otan, haveremos de entrar num outro tipo de regulação, nesse caso *ofensiva,* em que o MILITAR não fingiria brincar de "soldado e ladrão" com os Estados-delinqüentes assassinos, mas retomaria seu lugar, diante das dificuldades do POLÍTICO em gerir eficazmente a NOVA ORDEM MUNDIAL. Quando se vê a natureza das decisões tomadas pelo Estado-Maior militar da Otan, segundo as quais as dezenove capitais da aliança devem dar a mesma "ordem de operação", naquilo que os generais chamam de PROCEDIMENTO DE SILÊNCIO, ou seja, *dar sinal verde por meio da adesão por omissão,* pode-se adivinhar o pouco futuro dessa "política continuada por outros meios". Com efeito, a necessidade de se chegar a um consenso dos Estados membros da Otan para cada alvo, para cada operação tática, só pode levar a que se perca um tempo precioso para a ação *in loco,* comprometendo gravemente uma *rapidez que é a essência da guerra.*

Mas voltemos a essa questão dos *valores universais* que, segundo Tony Blair, deveriam suplantar a questão dos *territórios* e da soberania dos Estados nacionais.

Quando se pretende travar uma guerra em nome dos "direitos do homem", uma guerra humanitária, renuncia-se ao direito de negociar a cessação das hostilidades com o adversário. Se o inimigo é um torturador, *o inimigo do gênero humano,* não há outra escolha senão a desmesura de uma *guerra total* e de uma capitulação incondicional.

Observamos, pois, que essa nova lógica de guerra leva, a exemplo da *estratégia aeroespacial* que a supõe, à "passagem aos extremos" que os pensadores da geopolítica das nações condenavam. Lembremo-nos, por exemplo, da réplica de Yitzhak Rabin ao general Sharon, quando este último o interpelava no Knesset, depois dos acordos de Camp David: "Negociastes com o terrorista Arafat, é indigno!", acusava o general. Provocando uma explosão de riso na assembléia israelita, Rabin retrucou: "Mas, caro amigo, para fazer a paz, é preciso negociar com o inimigo!" A inovação da superioridade dos "valores universais" no âmbito político situa-se no mesmo nível que uma invenção furtiva e discreta, como inúmeros vetores da ofensiva aérea aliada: a de uma GUERRA SANTA LEIGA, cujo integrismo do "dever de intervenção" viria bem a propósito. Por trás dessa súbita desterritorialização de um conflito que o presidente Clinton ainda se recusa a chamar de GUERRA, encontra-se, pois, *a infantilização tragicômica* deste fim de século, em que o processo de *impeachment* do presidente americano ainda está na memória de todos.

Com efeito, dado que a disciplina é a principal força dos exércitos, não poderia haver uma "guerra de verdade" sem um *chefe de guerra*. Resta-nos, pois, nos perguntar sobre a capacidade de decisão de um Bill Clinton depois do desastroso impacto do *Monicagate*.

Por trás dos ataques dirigidos contra Madeleine Albright, cuja influência se esfuma, quem está na berlinda é evidentemente o presidente americano, a ponto de podermos nos perguntar se Clinton já não está discretamente destituído... Lembremo-nos de que depois de sua confissão pública nas telas do mundo inteiro, Bill Clinton convocou à Casa Branca as autoridades militares do Pentágono e reafirmou, diante delas, que continuaria sendo o chefe das forças armadas. A presidência, aliás, instaurou alguns processos contra os militares que zombaram de Clinton.

Se Ieltsin não é Gorbatchev, que andou pela KGB, Clinton também não é Bush, que passou pela CIA. Quanto à volta de Primakov, ela confirma que, em tempo de guerra da informação, o *serviço de inteligência* dos militares volta para compensar as fraquezas congênitas, o infantilismo do político.

"Que diferença existe entre um adulto e uma criança?", perguntaram ao dono de um hotel de luxo de Las Vegas. Resposta: *"O preço de seus brinquedos!"* Hoje, com a doutrina da "revolução dos assuntos militares", a tecnologia americana parece se tornar para Bill Clinton uma espécie de "País das Maravilhas" em que o homem de guerra, como uma criança em seu parque de diversões, *quer experimentar tudo, exibir tudo,* por medo de parecer fraco e isolado.

No Kosovo, como ontem no Iraque, a última grande potência deve, a um só tempo, rivalizar em bons sentimentos de compaixão e instaurar sua hegemonia global exibindo seu arsenal, com os mísseis Cruise e o F-117, que já foram usados no Iraque, e o bombardeiro B-2, cujo custo unitário é igual ao Produto Interno Bruto de um país como a Albânia.

Outro exemplo dessa infantilização: Bill Gates, que, em uma obra recente, exalta especialmente os benefícios do programa de computador Falcon View para destruir as pontes nos Bálcãs[4].

Desprezando a "natureza" em nome da "razão informática", a América fim-de-século, ao contrário daquela que contribuiu para a salvação do mundo livre, transplanta sua *racionalidade sistêmica* para os autômatos programados, mísseis inteligentes, como se o mundo fosse um brinquedo, um jogo de guerra, e Bill Gates, o seu profeta; um profeta que não hesitou, em 1998, em dar uma aula ao próprio Clinton sobre a importância de um poder que já não seria tanto o do *político* e do homem de Estado eleito, mas o da *informática* do engenheiro, esse pro-

---

4. B. Gates, *A empresa na velocidade do pensamento,* Companhia das Letras, 1999.

gramador de quem Bill Gates continua sendo o modelo, apesar do processo que moveram contra ele.

Para finalmente chegarmos ao tempo da conquista do espaço extraterrestre, quando se vêem as *sondas espaciais*, esses outros *"mísseis de cruzeiro"* – como o DEEP SPACE 1 – suplantando o astronauta dos vôos tripulados da Nasa, assim como os engenhos automáticos substituem o engajamento oficial do *US Army...*

Em 5 de maio de 1999, seis semanas depois do início das operações aéreas sobre os Bálcãs, o senador Lucien Neuvirth, presidente da Comissão Parlamentar francesa sobre o espaço, escreveu: "A observação por satélites e o desenvolvimento multimídia são a expressão de uma mudança histórica. *O desenvolvimento tecnológico coloca cada vez mais a sociedade no coração do mundo espacial.* Dispor de meios de observação e de ação, ter a prerrogativa da resposta, *ser menos previsível,* eis algumas características que definem uma potência. O fato de se manter o setor espacial fora da União Européia é uma prova inequívoca de que os governos não manifestaram, até o presente momento, um desejo de integração desse *outro setor da soberania*[5].

Independência de acesso ao espaço, de navega-

---

5. *Le Figaro,* 5 de maio de 1999.

ção e de observação da Terra, o tema do *direito espacial* retoma agora, quase textualmente, o do *direito marítimo* estabelecido outrora. Depois do mito da "nação volante" dos anos 30[6], que anunciava o desenvolvimento do poderio aéreo que logo haveria de arruinar a Europa – de Roterdã a Dresden, de Coventry a Hamburgo – estamos assistindo agora ao nascimento do mito da nação "imponderável", da *nação flutuante,* com a guerra do Kosovo.

Vital para os Estados europeus diante da concorrência dos Estados Unidos, o *setor espacial* pouco a pouco vai se tornando a garantia da segurança do continente, a ponto de podermos nos colocar uma pergunta sobremaneira excêntrica, sobre a soberania nacional: *o espaço orbital estaria destinado a suplantar, no futuro, o espaço territorial?*

Se fosse esse realmente o caso, a estratégia tornar-se-ia menos um assunto de geografia que de ecologia, e a auréola que só pode ser vista do espaço extra-atmosférico, o *LIGHT GLOW* constituído pelo anel de oxigênio que envolve a Terra e a torna habitável, ter-se-ia tornado o último *cenário* da História.

Visto que o direito *aéreo* e *espacial* das nações passa a dominar o direito *territorial* das terras habi-

---

6. F. Thiede e E. Schmae, *Die fliegende Nation,* Berlim, Union Deutscher Verlag, 1933, p. 140-141. Citado em D. Woodman, *Les Avions d'Hitler,* Flammarion, 1935.

ESTRATÉGIA DA DECEPÇÃO

táveis, essa pequena camada atmosférica se tornaria então um desafio político que se sucederia ao mito devastador do LEBENSRAUM. Portanto, para dirigir as nações do século XXI, já não se trataria mais de observar o que se passa *à frente,* na direção das fronteiras, mas *acima,* no firmamento, e isso não seria algo de pouca monta porque esse "ponto de vista de Sírius" apagaria toda a perspectiva geopolítica, com a dimensão *vertical* levando a melhor de longe, muito longe – ou, mais exatamente, de muito alto – sobre a *horizontal.*

A intempestiva ofensiva aérea contra os Bálcãs, passando por cima da autoridade legítima da ONU em matéria de segurança internacional, inaugura, em mais de um aspecto, uma profunda mudança na natureza dos conflitos entre as nações.

Tornando o clima gradualmente insalubre, criando *uma atmosfera deletéria,* menos pela emissão de gases de combate que pelo desencadeamento de sucessivas tempestades magnéticas, a guerra total visa, doravante, menos aos equipamentos dos inimigos que ao *ecossistema atmosférico* da região em que se situa o país adversário.

Daí a estranha inversão das vítimas de um conflito desencadeado "em nome dos direitos humanos", em que as perdas são, em sua maioria, civis, e os militares de ambos os lados aparecem como uma espécie protegida.

Atmosfera, atmosfera... ainda ontem os que estavam em guerra limitavam-se a enganar o adversário, a perturbar o entorno eletrônico restrito de seus sistemas de armamentos, produzindo interferência nas ondas. Amanhã, será na escala da meteorologia de uma nação que se produzirá a grande perturbação.

A guerra com *morte-zero* militar, mas igualmente *vitória-zero* política, como a do Kosovo, dará lugar a um ECOSSISTEMA DE ARMAS capaz de provocar a reação em cadeia de um *acidente cibernético integral,* em que as tempestades das ondas superarão as devastações provocadas pelas bombas... Agravando ainda mais essa desordem, o caos ocasionado pelos vírus e outras "bombas lógicas", a poluição dos campos magnéticos tornará totalmente imprevisíveis os episódios de um conflito que se tornou, ele próprio, SURREALISTA!

2

"A vitória, antes de mais nada, será ver muito bem de longe, ver tudo de perto, e que tudo tenha um nome novo", escrevia Guillaume Apollinaire num poema de guerra.

Hoje, esse novo nome é *GLOBAL INFORMATION DOMINANCE*. Em 1997, o general Fogelman, chefe do Estado-Maior da *US Air Force*, declarou diante da Câmara dos Representantes: "No primeiro trimestre do século XXI, seremos capazes de localizar, de seguir e de mirar, em tempo quase real, qualquer elemento importante na superfície da Terra[1]."

Confirmando a verdade dessa visão ciclópica, o vice-almirante Browne, responsável pelo *US Space*

---

1. F. Fillioux, "Le Pentagone la tête dans les étoiles", *Libération*, 20 de abril de 1999.

Command, exclamava recentemente, numa entrevista coletiva sobre o Kosovo: "Nossa capacidade de comunicação por meio de satélites se tornou simplesmente fenomenal!"

Depois da *electronic warfare,* aplicada contra o Iraque, os Estados Unidos acabam de lançar a *information warfare.* O poder desse sistema baseia-se em três princípios fundamentais: *a presença permanente dos satélites* sobre os territórios, *a transmissão em tempo real* das informações colhidas e, finalmente, *a capacidade de análise rápida* dos dados transmitidos aos diversos estados-maiores.

Acima dos Bálcãs gravitam atualmente cerca de cinqüenta satélites de todos os tipos e uma vintena de sistemas espaciais diferentes: *radares geradores de imagens* do *National Reconnaissance Office* (NRO), geradores ópticos de imagem das diversas armas, sem falar dos satélites de escuta de sinais eletrônicos que identificam o movimento das forças em campo e, naturalmente, a constelação de satélites do GLOBAL POSITIONING SYSTEM (GPS), que informam as respectivas posições dos armamentos em ação. Por fim, a grandes altitudes, a 15 mil pés, para evitar a defesa antiaérea sérvia, os aparelhos do reconhecimento aéreo pilotado. E, numa altitude um pouco menor, os *drones* de reconhecimento automático.

Sem essa visão verdadeiramente PANÓPTICA, o

conflito dos Bálcãs estaria condenado a repetir as estratégias de outrora: o *bloqueio por zona* do campo de batalha e o *isolamento do adversário* pela artilharia ou o STRAFING* dos caças-bombardeiros.

Observemos, porém, que a resposta das forças sérvias a essa capacidade de controle *de qualquer elemento importante na superfície da Terra* foi ao mesmo tempo a dispersão e a imobilidade, a inércia aparente, à espera de um ataque frontal que os aliados não parecem estar dispostos a desfechar; daí o fracasso patente da estratégia aérea da Otan e a decisão sempre adiada de promover o bloqueio da Iugoslávia.

Aliás, é interessante constatar a inversão do processo nessa estranha "guerra de posição" dos Bálcãs. Com efeito, em outros tempos, antes de tomar uma cidadela de assalto, era preciso sitiá-la. Pois bem, agora, a partir da primavera [européia] de 1999, só muito frouxamente se proibiu o trânsito e a circulação; em compensação, porém, lançaram-se mísseis e mais mísseis, bombas e mais bombas, antes de se levantar a possibilidade, em 24 de abril, de um bloqueio marítimo...

Ao contrário do que aconteceu no deserto do Kuwait, a Iugoslávia é uma verdadeira *fortaleza geológica*, com seu relevo montanhoso, cujas armadi-

---

* *Strafing*: ataques ar-terra com metralhadoras. (N.T.)

lhas se mostraram abundantes, desde a resistência nacionalista aos nazistas até a organização, por Tito, da famosa DPG, a Defesa Popular Generalizada, que haveria de permitir que a autogestão iugoslava oferecesse uma encarniçada resistência à potência soviética.

Contudo, é preciso remontar à ofensiva aérea aliada na Europa entre 1943 e 1945 para compreender o erro fatal da operação da *Allied Force*. Naquela época, o exército hitlerista e seus aliados conseguiram transformar o continente europeu ocupado por suas tropas em uma verdadeira *fortaleza,* rodeando suas fronteiras e suas costas com linhas de defesa numerosas e superpostas, como no caso da famosa "Muralha do Atlântico". Mas, como observou o marechal-do-ar britânico Arthur Harris: *"A fortaleza Europa é uma fortaleza sem teto, uma vez que temos a supremacia aérea."*

Cerca de sessenta anos mais tarde, a situação, curiosamente, inverteu-se: os Bálcãs são uma fortaleza natural, mas uma fortaleza *sem muralhas,* sem "estado de sítio" para cercear seus defensores, asfixiar literalmente suas provisões, antes do ataque final.

Como explica o general Kelche, chefe do Estado-Maior francês: *"Vamos colocar uma tampa sobre a Iugoslávia."* Como se a supremacia aérea dos aliados fosse capaz de sufocar o adversário, na falta de um "caldeirão" onde ele pudesse ser cozido em fogo baixo!

Estranha lógica militar em que o caos das diretrizes de guerra parece ilustrar o caos político desse "barril de pólvora" que são os Bálcãs, onde os conflitos, a pirataria e o contrabando mafioso constituem uma segunda natureza, um hábito ancestral..., sem falar da dimensão religiosa, dessa velha marca do Império Otomano.

Mas o outro aspecto da GUERRA DA INFORMAÇÃO diz respeito, atualmente, à dimensão "humanitária" desse primeiríssimo "conflito dos direitos humanos" em que as populações civis ficam na linha de frente.

À guisa de confirmação desse paradoxo, observemos agora alguns acontecimentos PANÓPTICOS que precederam o ataque aéreo contra a sede da RTS, a televisão iugoslava, em Belgrado.

Em 12 de abril, a cadeia de televisão ABC informava seu público de que o Pentágono dispunha de imagens de satélites que provavam a existência de cemitérios clandestinos no Kosovo. A ABC falava de "uma centena de lugares em que a terra fora revolvida", mas não mostrou nenhuma dessas imagens; sabemos, por outro lado, que a alta definição decimétrica dessas imagens militares é de uma tal precisão que a probabilidade desse tipo de *prova pela imagem* é grande. Dois dias antes, o Pentágono publicara fotos tiradas por satélites mostrando grupos de kosovares acampados em colinas, após terem fugido de suas aldeias. A ABC não afirmava, no entanto, a possível correlação existente entre a fuga daquela pobre gente e seu eventual massacre...

Depois do olho de Deus perseguindo Caim até o túmulo, temos agora *o olho da humanidade* sobrevoando os oceanos, os continentes, à procura de criminosos.

Pode-se adivinhar a dimensão *ética* do programa GLOBAL INFORMATION DOMINANCE, cujos atributos são os mesmos da *divindade,* entreabrindo, desde já, a porta para *limpezas éticas* capazes de substituir, com vantagem, a *limpeza étnica* de populações indesejáveis ou excedentes.

Depois da delação verbal, do boato, do uso de informantes ou da espionagem tradicional, chegamos à fase da *delação óptica;* esse tempo real de uma grande óptica PANÓPTICA capaz não apenas de vigiar os movimentos *inimigos,* mas igualmente o dos amigos, graças ao controle da opinião pública.

De fato, a *televisão* de outrora se torna aqui pura e simples TELEVIGILÂNCIA GLOBAL dos comportamentos sociais ou associais, das "atitudes" que a antiga publicidade havia muitos decênios procurava promover.

Além do surgimento, há dez anos, do *pool* PENTÁGONO-CNN, a grande óptica dos satélites constitui, pois, o anúncio oficial da superexposição das nações ao "olhar do Senhor dos Céus", esse CICLOPE acima de qualquer escrúpulo.

Tudo isso permite explicar a importância simbólica e inaugural do bombardeio da sede da televisão de Belgrado que dá início não mais, como no Golfo Pérsico, à *guerra das imagens,* mas ao *policiamento das imagens,* à organização de um mercado único das imagens, de que a criação da *National Imagery and Mapping Agency* constitui a confirmação. Com efeito, no final do ano de 1996 nascia a NIMA. Reunindo em Fairfax, na Virgínia, quase 10 mil empregados, esse departamento, destinado inicialmente a processar e distribuir imagens espaciais do Pentágono e da CIA, haveria, dois anos depois, de engajar-se no *controle do fluxo das imagens comerciais* para se tornar o ponto de passagem obrigatório das imagens civis, cuja necessidade não pára de crescer com a mundialização dos intercâmbios.

Depois dos *grandes ouvidos* da rede "escalão" da *National Security Agency* (NSA), que permitem, já há dez anos, interceptar as comunicações dos aliados, abrem-se enfim os *grandes olhos* da *National Imagery and Mapping Agency.*

Assim, depois da desregulamentação dos transportes aéreos no começo da década de 1990, temos a súbita desregulamentação das *transmissões das imagens espaciais* às vésperas do ano 2000. A estratégia do *Céu Aberto (OPEN SKY)* não se limita, pois, a perpetuar a estratégia da *Cidade Aberta* da longínqua era da soberania territorial das nações; ela estende sua incomparável transparência à escala atmosférica do ecossistema planetário.

A partir de agora, a logística da percepção em TODOS OS AZIMUTES supera a da mira das armas empregadas no front, ou antes a *ausência de front* que caracteriza essa ausência de *guerra declarada* em que tudo se faz por telas interpostas.

Em 23 de abril de 1999, ao bombardear pela primeira vez o edifício da televisão sérvia em Belgrado, a Otan inaugurou a *guerra nodal,* que não passa de uma outra versão da *guerra total* de meados do século XX.

Ainda que o consórcio europeu que administra o satélite TV-EUTELSAT — cujos principais membros são a Grã-Bretanha, a Itália, a França e a Alemanha, além da ex-Iugoslávia, representada pela República Federal Sérvia — tenha hesitado durante muito tempo em *cortar as transmissões desse satélite para a televisão iugoslava,* ele terminaria por se decidir a fazê-lo no final de maio de 1999, criando assim um inquietante precedente em matéria de "não-discriminação" da informação comunitária. Esse ato, aliado à destruição pura e simples do principal meio de comunicação sérvio, dá uma boa idéia do conflito que se anuncia entre a supremacia aérea de um lado, e do outro, a *espacial,* da guerra das ondas.

Na era da *INFOWAR,* em que a cibernética dos sistemas tende a dominar a vida das nações nos campos econômico e político, mas principalmente no domínio de uma geopolítica global, a novidade da *interceptação da informação adversa* ultrapassa, de longe, a simples *interferência* em suas emissões, uma vez que tende a eliminar toda a telecomunicação entre o Estado inimigo e sua própria população, e isso independentemente da natureza das mensagens transmitidas: propaganda *ativa* ou informação *passiva,* necessária à sobrevivência das populações civis...

Finalmente, haveria muito a dizer e a repetir sobre essa "interceptação", essa forma totalitária de *ingerência midiática* em que as bombas substituem os argumentos e a contrapropaganda dirigida às comunidades massacradas.

Aliás, era o que explicava com muita clareza, no *New York Times,* Svetlana Radosevic, comentarista esportiva da RTS de Belgrado: "*Se vocês pensam que estou mentindo, não precisam me matar para prová-lo*[2]."

Mas, também nesse caso, a supremacia aérea no conflito dos Bálcãs ilustra muito bem a diferença midiática das imagens. A partir de agora, cada repórter, cada testemunha ocular o constata: "*Só o caos no campo de batalha permite escapar à propaganda*[3]."

---

2. Uma citação do *New York Times* no editorial "Bombes contre images", *Le Monde,* 25 de maio de 1999.

3. M. Guérin, "Objectifs de guerre", *Le Monde,* 2 de maio de 1999.

E, assim como o caos da formação geológica dos Bálcãs constitui uma séria desvantagem militar para a Otan, a confusão, o caos da informação representa um empecilho político para se tentar avaliar os objetivos de guerra dessa coalizão militar.

Para ilustrar essas afirmações sobre a "guerra das ondas" acima da Sérvia, observemos agora a mudança de objetivo dos aliados com a questão, senão de "sitiar", pelo menos de tentar promover o isolamento marítimo dessa região escarpada.

À falta de um difícil BLOQUEIO NAVAL do litoral adriático, que a França e a Alemanha queriam evitar, e não havendo uma resolução da ONU nesse sentido, o Pentágono decide privar a Iugoslávia de eletricidade bombardeando suas cidades com *bombas de grafite* capazes de mergulhá-las na escuridão.

Como explicou o porta-voz Kenneth Bacon: "Essa nova estratégia visa a semear a confusão no seio do sistema de comando e de controle do exército iugoslavo. Isso desorienta e perturba seus computadores."

Quando da guerra do Golfo, ao soar o alerta, apagavam-se as luzes de Bagdá, à guisa de *defesa passiva*. Com o conflito do Kosovo, é a *ofensiva passiva* – o próprio agressor provoca o colapso da corrente elétrica de Belgrado.

Quando se tem consciência da importância estratégica dessa energia primordial, nesta era de "revolução da informação", compreende-se melhor a lógica desse ato de guerra que interrompe toda e qualquer comunicação.

Depois da *ingerência midiática* contra os meios audiovisuais do inimigo, tem-se subitamente *a ingerência energética*, uma ingerência que renova totalmente a questão do bloqueio econômico de um país. *"Agora a Otan tem um dedo sobre o interruptor da Iugoslávia"*, viria a declarar, em Bruxelas, Jamie Shea, o apresentador-vedete da operação *Allied Force.*

Com efeito, a *bomba BLU. 114. B.*, utilizada na ofensiva contra a energia na Sérvia, só aparentemente é uma BOMBA SOFT, dada a pequena potência. Se se lançasse uma bomba de maior potência numa central elétrica, num ambiente saturado de eletricidade estática e de ozônio, o grafite funcionaria como um arco voltaico. Isso acarretaria um incêndio em grande escala e uma terrível explosão[4].

Quando se sabe que em caso de guerra atômica *as centrais nucleares* são os objetivos maiores, compreende-se melhor o valor do teste que a Otan fez nos Bálcãs.

---

4. B. Bombeau, "BLU., la bombe au graphite: une arme potentiellement redoutable", *Air et Cosmos,* 7 de maio de 1999.

"São muito significativos os temas e as soluções que a Otan e seu comitê propuseram à reflexão dos especialistas sobre os desafios da sociedade moderna, por ocasião da conferência do outono [europeu] de 1973, e, em especial, o projeto piloto para *'o planejamento universal da circulação das pessoas e das mercadorias'*. Já não se trata mais, nesse tipo de estudo, de perspectivas um tanto longínquas de planejamento econômico, estilo Conferência de Haia; essas noções, ainda que continuem sendo a motivação invocada e provisoriamente ainda o meio, não definem o acontecimento: *O questionamento, num prazo mais ou menos longo, de todo movimento humano sobre o planeta pela trama estratégica global do novo complexo industrial-militar*[5]."

Na época em que escrevi estas linhas, há um quarto de século, em plena guerra fria, eu não imaginava descobrir sua extraordinária atualidade na era da grande migração pós-industrial deste fim de milênio – por um lado, com o êxodo dos refugiados do Kosovo; por outro, com a imigração dos países do Leste ou do Mediterrâneo meridional, sem falar do êxodo de milhões de africanos diante da endemia das guerras tribais, ou ainda da necessidade de deslocamentos em função de emprego nas empresas, em

---

5. P. Virilio, *L'insécurité du territoire*, Galilée, 1993, p. 74, 1ª ed., Stock, 1976.

meio à mundialização dos mercados.

Em 24 de março de 1999, no mesmo dia em que se iniciavam os ataques aéreos contra a Iugoslávia, no momento em que se ia acelerar "a limpeza étnica" dos kosovares, *a OCDE pedia à União Européia que acelerasse também a mobilidade dos assalariados no interior de nosso continente:* "Apenas cinco milhões de pessoas, para um total de 370 milhões, residem em um outro dos Estados membros da União Européia, ou seja, 1,5% da população", observa a OCDE. *"A mobilidade é maior nos Estados Unidos, no Canadá ou na Austrália...",* como se se tratasse de um grande jogo de salão, de uma maratona olímpica!

Algumas semanas depois da manifestação desse desejo pela Organização de Cooperação e de Desenvolvimento Econômico, havia de qualquer forma cerca de um milhão de kosovares à deriva, deportados, refugiados políticos da agressão sérvia, ou refugiados sociais de um desemprego que se tornou estrutural para facilitar os ajustes macroeconômicos. A *limpeza étnica* de Milosevic desdobrando-se em *limpeza técnica* do proletariado pós-industrial. Diante desses grandes movimentos de povoamento e despovoamento, compreende-se muitíssimo melhor a importância *industrial-militar* dos sistemas de localização dos vetores em movimento na superfície do planeta, como o *GLOBAL POSITIONING SYSTEM,* sistema paralelo e complementar do GLOBAL INFORMATION DOMINANCE que permite a ofensiva aérea nos Bálcãs.

Mas o que o grande público ainda ignorava é que na noite de 21 para 22 de agosto de 1999 – quatro meses antes do Bug do Milênio (Y2K) – *esse sistema ligado a uma rede de satélites militares sofreria seu primeiro "acidente informático".* Naquela noite, *o contador dos receptores do GPS instalado nos veículos* – cuja capacidade foi misteriosamente limitada a 1024 semanas – *voltaria ao zero.* Ainda não é a "Grande Noite" do ano 2000, mas um ensaio geral para os usuários de equipamentos (civis e militares) munidos desse dispositivo de localização.

Oficialmente, já no mês de junho se devia anunciar que os militares da Otan modificaram os equipamentos afetados por essa *volta ao zero,* tais como os mísseis Cruise ou as bombas que se utilizam do sistema de navegação inercial GPS, lançadas pelo bombardeiro B-2 e responsáveis, pelo que se diz, pela destruição da embaixada da China em Belgrado...

A propósito dessa *guerra das ondas* que se trava no éter eletromagnético acima dos Bálcãs, observemos agora dois aspectos complementares, mas muitas vezes dissociados, para atender às necessidades da Otan: por um lado, o corte, já mencionado, das transmissões televisivas do satélite EUTELSAT, em 26 de maio de 1999, "a fim de calar o instrumento de propaganda sérvio" e, por outro, o lançamento, pelo lado aliado, das missões COMANDO SOLO do quadri-motor Hércules EC 130E, repleto de antenas direcionais e abrigando em sua fuselagem uma central de rádio e televisão. "Quando chegam à área, os operadores a bordo enviam por ondas as mensagens pré-gravadas em servo-croata, elaboradas pelo departamento de operações psicológicas de Forte Bragg – os famosos *PSY-OPS* da *information warfare* – auxiliados por cinco especialistas em guerra eletrônica, entre os quais pelo menos um lingüista capaz de exercer interferência, de modo que o COMANDO SOLO pode distribuir seus sinais de TV para uma aglomeração de tamanho médio, enquanto suas emissões radiofônicas têm um alcance de centenas de quilômetros[6]."

Com esse confronto no *espaço hertziano,* que dá continuidade ao que se processa no *espaço aéreo* dos Bálcãs, realiza-se a profecia do almirante soviético Serguei Gorchkov, que declarou há vinte anos: *"O vencedor da próxima guerra será o que conseguir explorar melhor o espectro eletromagnético."* Um "es-

---

6. P. Brunet, "La guerre de l'information au Kosovo", *Air et Cosmos,* 14 de maio de 1999.

pectro" que ronda não apenas a Europa, mas também o mundo, um mundo UNIPOLAR, saído da guerra fria.

Sempre no âmbito desse espaço hertziano condutor dos sinais provenientes do espaço aéreo, examinemos um aspecto bem recente da detecção: *"A detecção multistática por meio de emissões nãocooperativas."* Com esse conceito revolucionário desenvolvido pelos soviéticos, o RADAR fica obsoleto, uma vez que a televisão pode substituir os radares de vigilância ou de controle do tráfego aéreo e *"detectar em qualquer ponto do espaço atmosférico aviões em vôo"*[7]. A única limitação desta "detecção multistática" está relacionada ao alcance das estações emissoras e retransmissoras de TV.

Se tomamos o exemplo da França, em que a Télédiffusion de France (TDF) cobre todo o território, é o país inteiro que está mergulhado no éter hertziano da televisão.

Nesse lençol eletromagnético, os sinais audiovisuais se comportam como os que são emitidos por radares contínuos. Quando um avião em vôo é atingido por um sinal eletromagnético, ele retrodifunde uma parte deste último. Basta, então, dispor de um receptor de televisão comum com duas antenas espi-

---

7. S. Brosselin, "Guerre des ondes: le RADAR squatte la télévision", *Le Monde de l'aviation*, n.º 12, maio de 1999.

nha-de-peixe comuns e de um sistema de tratamento e amplificação do sinal recebido, para detectar o aparelho.

É esse sistema batizado *SILENT SENTRY* que a Lockheed-Martin decidiu revelar ao público no outono [europeu] de 1998.

Nesse "ecossistema hertziano", as duas vantagens principais são, por um lado, o caráter indestrutível desses detectores que cobrem o território inimigo e, por outro, a possibilidade inédita de reconfigurar a arquitetura de detecção estratégica, e isto em escala mundial: *"Estabelecendo uma base de dados que engloba as 55 mil antenas de difusão das cadeias de TV e das rádios FM espalhadas pelo mundo, e interconectando-as, o RADAR TV permitiria obter uma cobertura do conjunto dos espaços aéreos dos dois hemisférios[8]."*

Diante dessa súbita amplificação da detecção em todos os azimutes, a televisão pública já não é apenas televigilância PANÓPTICA, ela se torna um fenômeno cósmico, em que a ingerência por meio de ondas detecta qualquer atividade, qualquer movimento permitido ou proibido.

Ameaça fantasma, a "sentinela silenciosa" inaugura, depois da guerra, a *polícia das estrelas*.

---

8. "Guerre des ondes: le RADAR squatte la télévision", art. cit.

3

Da guerra do Golfo à do Kosovo, os conflitos não terão sido senão a feira de exposição do material bélico americano, uma nova forma de promoção dos armamentos e um fatal incremento do complexo industrial-militar. Fascinados com a ruptura com a ONU, não chegamos nem a notar os prelúdios de uma segunda ruptura de continuidade, mas desta vez com a Otan.

Com efeito, embora a direção da operação *Allied Force* nos Bálcãs dependesse oficialmente de Javier Solana, o secretário-geral da Otan, cabia ao Conselho Atlântico (órgão político permanente da Aliança) e a seu comitê militar estabelecer as diretrizes da guerra com respeito ao engajamento das forças no Kosovo... e tudo isso não passava de um "faz-de-conta", visto que a partir da fase 2 dessa guerra aérea, a direção do conflito era de responsabilidade de um "diretório informal" que reunia, em torno dos Estados Unidos, seus aliados privilegiados – a Inglaterra, a França e a Alemanha – em detrimento dos outros quinze membros da Otan.

Ruptura discreta, furtiva, como convém em tempo de "guerra da informação", mas ruptura brutal e significativa no que tange ao futuro da guerra no século XXI.

De fato, se a guerra do Golfo Pérsico marcou, pouco depois da queda do muro de Berlim, o fim do status quo do *equilíbrio militar* entre os grandes blocos Leste/Oeste, a guerra do Kosovo, por sua vez, marca o fim do status quo do *equilíbrio político* entre as nações e inaugura, assim, com a súbita retomada da corrida armamentista, a busca de uma segunda dissuasão capaz de restabelecer, se não a estabilidade na era do "mercado único", pelo menos a liderança americana. A propósito disso, ouçamos o que diz Z. Brzezinski: "Não é exagero afirmar que a derrota da Otan significaria, ao mesmo tempo, o fim da credibilidade da aliança atlântica e a diminuição da liderança mundial americana. As conseqüências disso seriam devastadoras para a estabilidade do planeta[1]."

---

1. Z. Brzezinski do *Los Angeles Times*, "Guerre totale contre Milosevic", *Le Monde*, abril de 1999.

Ex-consultor do presidente Jimmy Carter para assuntos de segurança, nosso expert se preocupa aqui, ao que parece, com o desequilíbrio da aliança atlântica, sem considerar que a supremacia total da potência americana pode beneficiar-se, em larga medida, do declínio da *guerra de coalizão* da Otan, tanto quanto do fim programado da *política de coalizão* da ONU. E isto para impor, amanhã, um outro tipo de "conceito estratégico global", infinitamente mais ambicioso que o frouxo e nebuloso formulado em Washington no qüinquagésimo aniversário da Otan, em 23 de abril de 1999.

Conceito GLOBALITÁRIO que não se deixa restringir nem pela Otan nem pela ONU, na medida em que o domínio de sua competência e intervenção seria menos *geofísico* que *metageofísico*. A dimensão "temporal" da supremacia estratégica dos Estados Unidos sobrepõe-se, definitivamente, às dimensões "espaciais" da antiga supremacia geoestratégica da aliança atlântica.

Observemos agora uma contradição que revela essa ambição: em 9 de abril de 1999, o presidente Clinton declarou: "Quero lembrar que os Estados Unidos só recorrerão à força como última opção." Em contrapartida, pouco antes da conferência de cúpula em Washington, vinha a notícia de que a Alemanha e o Canadá não tinham conseguido a revisão da estratégia nuclear da Otan, uma vez que *os Estados Unidos se recusaram a abandonar o recurso à arma nuclear.*

De fato, quando se fala da necessidade de abrir a aliança atlântica a novos membros, a novos países periféricos em relação ao continente europeu, fala-se principalmente da vontade americana de promover uma concepção que amplie as responsabilidades geográficas da Otan, que terminaria por *tornar cada vez mais lento o processo de tomada de qualquer decisão unânime,* reforçando assim, indiretamente, a liderança dos Estados Unidos em matéria de guerra orbital e cibernética.

Ouçamos por um instante o ministro da Defesa da França: "Não morremos de amores pela Otan, mas é o único instrumento que permite a reunião dos recursos militares em tempo real."

Quando se sabe o que o "Procedimento do silêncio" – quem cala consente – imposto pelo Estado-Maior militar da Otan em Bruxelas para levar a cabo os ataques aéreos contra a Iugoslávia, entende-se melhor o impasse político de uma tal "guerra de coalizão" que no futuro se estenderá a países cada vez mais numerosos e dispersos.

Observemos, de resto, à guisa de confirmação, que o general Wesley Clark não pára de se queixar ao Congresso dos Estados Unidos dos entraves que os aliados da Otan criam e de falar de sua frustração por ser obrigado a tratar com algumas nações recalcitrantes, capazes de vetar a alguns de seus objetivos estratégicos.

Que não haja nenhuma dúvida, pois, de que o fiasco da Otan nos Bálcãs será atribuído às indecisões dos aliados da força americana, e de modo algum à incompetência de seu comandante-em-chefe. E isso considerando que a estratégia de ataques aéreos é uma decisão americana rejeitada de forma unânime, inclusive pelos britânicos, como é o caso de John Chipman, do Instituto Internacional de Estudos Estratégicos de Londres, que declarava ainda no fim de abril de 1999: "A estratégia adotada para a campanha dos Bálcãs e sua execução levantam sérias dúvidas sobre a capacidade da Otan de conceber e executar operações militares complexas."

Na Europa, não há como fugir à preocupação com essa incompetência fatal da aliança atlântica em fazer uma guerra de coalizão. Preocupação manifestada também pelo general Sir Michael Rose, ex-comandante-em-chefe da ONU na Bósnia, quando afirma: "A estratégia da Otan fracassou porque os ataques exclusivamente aéreos constituem uma forma totalmente inadequada aos objetivos visados. A Otan não pode mais fingir ignorar que sofreu uma derrota estratégica[2]. À guisa de conclusão a

---

2. General Sir Michael Rose, "La stratégie des Alliés a échoué", *Le Monde,* 20 de abril de 1999.

essas afirmações desiludidas, escutemos o general Naumann, presidente do Comitê Militar da aliança atlântica, que declarou em seu discurso de despedida de 5 de abril: "Precisamos encontrar um meio de conciliar as condições de uma guerra de coalizão com os princípios de uma operação militar, como a surpresa ou o emprego de uma força irresistível. Não utilizamos nem uma nem outra na Iugoslávia."

Levando adiante a constatação da precariedade das condições, o primeiro general alemão engajado num conflito pós-1945 lamentava o fato de que "essa campanha aérea da Otan seja executada claramente pelos Estados Unidos" e acrescentava, para concluir: "o fosso que existe entre a Europa e os Estados Unidos não pára de crescer [...]. É preciso aumentar urgentemente os esforços dos países europeus em matéria de defesa"[3].

Portanto, observa-se que, mesmo tendo a Otan se adiantado à ONU nessa desastrosa campanha dos Bálcãs, sua incapacidade de conduzir uma guerra de coalizão no Kosovo termina por levar à derrota a geopolítica do pós-guerra fria, e principalmente, à eclosão de uma crise de soberania do Estado-nação.

---

3. "Un général de l'OTAN déplore les contraintes", *Le Monde*, maio de 1999.

Além da ampliação da área de influência geográfica da aliança e da metástase de suas competências, a *concepção estratégica* proposta a Washington quando do qüinquagésimo aniversário da Otan apresentava um conjunto desconexo de ameaças contra a paz, abrangendo tanto a criminalidade civil quanto as drogas, o terrorismo ou as armas de destruição em massa.

Preocupados com essa relação por demais ambiciosa a seus olhos, os europeus haveriam de decidir limitar-se à criação de um simples "departamento de informação" para coordenar o intercâmbio em matéria de luta contra a proliferação das armas de destruição em massa.

Mas não poderíamos entender nada da REVOLUÇÃO DOS ASSUNTOS MILITARES do Pentágono se nos limitássemos a este aspecto de *seguro total*, sem apreender a dimensão hegemônica das forças armadas americanas neste fim de milênio.

Com efeito, com essa nova revolução do complexo industrial-militar, o Pentágono prepara-se para investir, nos próximos cinco anos, vários bilhões de dólares no desenvolvimento de novos armamentos, é certo, mas também e principalmente nos sistemas de controle e de vigilância cibernéticos tornados necessários pelo surgimento da *INFORMATION WARFARE*[4].

---

4. P. Virilio, *A bomba informática*, Estação Liberdade, 1999.

Em seu relatório anual de 1999, o Departamento de Defesa precisava, aliás, que este gasto é "essencial para garantir que as forças futuras continuem a dominar todo o leque de operações militares"[5]. Tal ambição de garantir indefinidamente a supremacia em todas as frentes só pode significar uma desmesura, um delírio que supera o das potências militares de outrora.

Diante desse aspecto GLOBALITÁRIO da potência americana, que resulta da mundialização instantânea das relações geopolíticas, mas, principalmente, da *finitude geofísica do astro que nos sustenta,* compreende-se melhor a importância das operações aeroespaciais que se fazem sobre a Europa e o Oriente Próximo e, mais ainda, o desejo dos Estados Unidos de garantir sua supremacia em matéria de *controle do espaço circunterrestre,* com a decisão recente do presidente Clinton de iniciar a pesquisa e o desenvolvimento de uma Defesa Nacional Antimíssil (NMD)[6].

O tenente-coronel Randy Weidenheimer, da *US Air Force,* que trabalha nessa pesquisa, declarou: "Até o presente momento, o espaço era considerado como o teatro de operações militares, que diziam respeito à comunicação, ao reconhecimento e à vi-

---

5. M. T. Klare, *Le Monde Diplomatique,* maio de 1999.

6. "Washington veut pouvoir vaincre sur tous les fronts", art. cit.

gilância. *Hoje temos que poder utilizar nossos satélites como verdadeiras armas.*"

Não apenas essa afirmação é pejada de implicações, uma vez que passa por cima da vontade política de evitar a militarização do espaço circunterrestre, mas corre o risco de provocar o rompimento unilateral, por parte dos Estados Unidos, do Tratado dos Armamentos Antibalísticos de 1972, assim como o questionamento dos acordos sobre a redução dos armamentos estratégicos. Enfim, quando os Estados Unidos propõem a criação de um *eixo estratégico* entre o Japão e a América, que levaria à participação nipônica no Programa de Defesa Antimíssil que se estenderia à Ásia, pode-se adivinhar suas implicações com relação à China, e isso no próprio momento em que a embaixada de Pequim em Belgrado é destruída *por engano,* por meio de *bombas que se utilizam do sistema de navegação inercial por satélite*!

Depois de ter levado a antiga URSS à corrida para a morte da famosa "guerra nas estrelas" do presidente Reagan, os Estados Unidos do presidente Clinton, que com certeza imaginam ter ganho a guerra fria graças às proezas industriais do PENTÁGONO-CAPITALISMO, obrigando os adversários do bloco do Leste a despesas militares improdutivas, agora parecem querer levar as Nações Unidas, e também seus parceiros da Otan, a uma mesma perspectiva funesta, graças à retomada previsível da corrida aos armamentos de supremacia, cujo objetivo declarado seria arruinar uma a uma as economias concorrentes do grande mercado de Wall Street.

Defensiva, ofensiva... quando nos falam atualmente da Otan como uma estrutura transatlântica defensiva, omite-se a importância da logística na organização da guerra industrial e pós-industrial. Uma importância que, desde o surgimento da bomba atômica, é muitíssimo superior à da boa e velha estratégia, uma vez que a dissuasão nuclear só pode perdurar pela inovação constante de sistemas de armas capazes de surpreender – e portanto de vencer – o inimigo ou, mais exatamente, "o adversário/parceiro" dessa *guerra econômica total*. Neste fim de século XX, *a ofensiva estratégica* já não é tanto a invasão, a guerra impura do extermínio em massa das populações civis, mas o desenvolvimento permanente de um ARSENAL GLOBAL capaz de dissuadir o adversário/parceiro desse WARGAME em que a guerra, limpa de qualquer operação em campo, predomina graças à invenção de armamentos novos, armamentos atmosféricos e extra-atmosféricos, tais como a aviação, os mísseis ou os satélites militares, enquanto não vêm as armas a laser dos satélites "anti-satélites".

Por trás do aparente absurdo da estratégia dos ataques aéreos contra a Iugoslávia dissimula-se, pois, a mutação do armamento pós-industrial e daquilo que outrora era chamado de "arsenal do mundo livre".

Depois do FMI e da OMC, e além da Otan e das Nações Unidas, prepara-se agora a emergência dessa FORÇA MUNDIAL DE SEGURANÇA (FMS), que já dependeria menos de uma política de coalizão da ONU que do puro poder de dissuasão de um "ecossistema de armas" que fizesse uma estreita integração das bombas ATÔMICA e INFORMÁTICA, graças ao desenvolvimento de um novo tipo de dissuasão em que o aspecto *defensivo* das antigas coalizões como a Otan seria definitivamente substituído pelo aspecto *dissuasivo* (isto é, puramente *ofensivo*) de uma potência GLOBAL de que os Estados Unidos têm saudades, principalmente a partir da explosão do deserto do Novo México e da vitória por nocaute sobre o império do Sol Nascente.

Voltemos ao ponto de partida. A última guerra do século XX se parece com a primeira. Guerra industrial que levou a Europa e o mundo a uma corrida para a morte, de que Auschwitz e Hiroshima terão sido, depois de Verdun, os símbolos trágicos.

A partir de agora, o que a *última grande potência* busca ativamente, em sua dimensão solitária e hegemônica, é exatamente o mesmo; daí a superação da ONU hoje e da Otan amanhã. A tal ponto que o fiasco da organização atlântica só pode apressar a instauração da segunda DISSUASÃO – ao mesmo tempo cibernética e aeroespacial – que tornará definitivamente obsoleto o status quo político das Nações Unidas.

"O acidental revela a substância", escreveu o sábio Aristóteles. Nessa mesma ordem de idéias, os "danos colaterais" e outros excessos militares que afetam não só a Sérvia, mas também os países vizinhos – como o bairro de Sófia vítima da queda de cinco mísseis Cruise; e, principalmente, a destruição "acidental" da embaixada da China em Belgrado –, não podem deixar de aumentar consideravelmente o *caos técnico* dessa campanha da Otan.

Desde os extremos a que chegou a *guerra total* do começo do século XX, até os extremos da *dissuasão atômica* em meados do mesmo século, faltava apenas um passo para se chegar, na aurora do século XXI, ao conceito militarmente *revolucionário* e politicamente *reacionário* de uma DISSUASÃO TOTAL – ao mesmo tempo nuclear e societária – transcendendo definitivamente a soberania das nações; conceito não mais *geoestratégico* como ainda o era o do equilíbrio do terror entre Leste e Oeste, mas antes *ecoestratégico* e monopolístico de uma dissuasão GLOBAL, baseando-se menos na ameaça de um armamento de destruição em massa que na do *acidente integral* do ecossistema energético e cibernético que, a partir de agora, determina a vitalidade das sociedades pós-industriais. É o caso, por exemplo, dessa bombas capazes de cortar a corrente elétrica de uma nação, e também dos vírus, das bombas lógicas ou do Bug do Milênio (Y2K), que podem provocar verdadeiros CHERNOBYL INFORMÁTICOS.

Assim, da arma ABSOLUTA e termonuclear, capaz de extinguir toda a vida do planeta, até a dissuasão ABSOLUTA de um ecossistema armamentista, ATÔMICO E INFORMÁTICO, capaz de paralisar totalmente a vida das sociedades, faltava apenas um passo – um pequeno passo para o homem do século XX, mas um grande passo para a desumanidade do próximo século...

"Fui tudo e tudo não é nada", constatava Marco Aurélio, o imperador estóico. O império da mundialização é exatamente isso: quando a lógica da potência se torna absoluta, ela leva de vencida a lógica política da paz civil e do Estado de Direito e entreabre a caixa de Pandora da implosão social. A antiga União Soviética foi a primeira a sofrer isso, outros virão.

A respeito disso, a *metástase geográfica* da aliança das dezenove nações européias, a que logo se reunirão algumas outras, assinala o inchamento patológico da Otan. Com efeito, se a Organização do Tratado do Atlântico Norte quer se tornar maior do que o boi da fábula, terminará por se tornar as Nações Unidas. Mas, inversamente, se a ONU –

em nome do dever de intervenção – se mune amanhã de uma *força de coação militar* na medida de suas ambições humanitárias, ela logo chegará ao delírio da Otan. Essa convergência seria a conseqüência fatal e despercebida de uma economia política que ainda se recusa a levar em conta o caráter "ecossistêmico" da *compressão temporal*, de que, porém, é vítima, na era da globalização cibernética das nações.

Se o lema do poder dos reis dos séculos passados era "dividir para governar", hoje a arrogância do poder se manifesta não apenas pela *divisão local*, mas ainda mais pela *multiplicação global*, pela confusão cada vez maior dos Estados-nações diante da aceleração dos procedimentos econômico-políticos, o *feed-back* interativo entre o GLOBAL e o LOCAL. Significativamente, a era da "revolução da informação" é também a da DESINFORMAÇÃO: enquanto que outrora a falta de informação e a censura caracterizavam a negação da democracia pelo Estado totalitário, atualmente acontece o inverso. Desinforma-se o telespectador afogando-o num mar de informações, de dados aparentemente contraditórios. Censura-se a verdade dos fatos pela SUPERINFORMAÇÃO, como se pode constatar no caso dos Bálcãs, na imprensa e na televisão. O Estado globalitário das alianças econômico-estratégicas é BABEL, não é mais a velha censura com sua tesoura. A partir de agora,

MAIS É MENOS! – e às vezes até menos que nada: já não é mais possível distinguir a manipulação voluntária do acidente involuntário[7].

Daí esse sentimento de "irrealidade" que afeta as populações e proíbe finalmente a adesão plena e completa, o engajamento da opinião pública nessa guerra surrealista da Otan contra a Sérvia: "Tudo está se tornando irracional nestes últimos dias", dizia um estudante de Belgrado que se opõe à política de Milosevic. É impossível ter informações corretas, seja recorrendo aos meios de comunicação sérvios, aos meios de comunicação ocidentais, seja ainda navegando na Internet. Tanto de um lado quanto de outro, é propaganda[8]."

É exatamente isso a *information warfare,* não é mais apenas o controle remoto de mísseis graças à *electronic warfare,* mas o controle remoto da confusão; esse caos de opiniões que completa e arremata o caos das destruições no terreno.

Essa situação de fato, em que a incompreensão e a ignorância da verdade chegam ao paroxismo, leva à total ruína das doutrinas psicológicas clássicas e mesmo às velhas doutrinas clausewitzianas da guerra. Uma guerra "aero-orbital" que deve levar em

---

7. P. Virilio, *A bomba informática,* Estação Liberdade, 1999.

8. Danilo, "Milosevic c'est une chose, la Sérbie une autre", *L'Humanité hebdo,* 16 de maio de 1999.

conta, politicamente, o caráter esférico do astro terrestre, assim como a compressão temporal dos dados que servem para que se travem os combates.

Armas de comunicação, armas não letais, ou, se se preferir, ARMAS PURAS dessa nova guerra dos direitos humanos – esses sistemas militares já têm efetivamente uma longa história, que remonta ao Vietnã e, principalmente, ao fim da guerra fria na Europa.

Na época da querela dos *euromísseis,* ligada à colocação, por parte dos soviéticos, dos famosos SS 20 no território da Alemanha Oriental na década de 1980, os americanos modificaram sua estratégia para a Europa adotando o conceito chamado de ATAQUES PREEMPTIVOS na retaguarda do adversário.

Diante do risco da mobilização dos 40 mil tanques das divisões blindadas do Exército Vermelho, o Pentágono decidira investir contra a logística inimiga e suas bases recuadas, com ataques nucleares contra o próprio território da União Soviética. Na falta de uma concepção estratégica oficialmente OFENSIVA, proibida pela dissuasão, os Estados Unidos e a Otan desenvolveram, pois, diante das forças do Pacto de Varsóvia, a idéia de um DIREITO DE PREEMPÇÃO aéreo sobre o território inimigo, e isso sem que ao mesmo tempo os blindados soviéticos pudessem responder a seu ataque, em nível terrestre, com um contra-ataque nos países do Leste.

Como o desequilíbrio das forças terrestres da

Otan diante das do Pacto de Varsóvia era evidente, a via aérea era a única saída; daí o desenvolvimento dos *mísseis de cruzeiro* e dos *drones* sobrevoando a baixa altitude o Leste europeu para atacar em pleno coração o aprovisionamento do inimigo.

Nova forma da "política da canhoneira", cara às potências marítimas e coloniais, esse tipo de intervenção AUTOMÁTICA e sem perigo de perdas humanas iria corresponder melhor aos objetivos de policiamento dos futuros "patrulheiros do mundo" em que os Estados Unidos haveriam de se transformar, depois da queda do muro de Berlim.

No início da década de 1990, bastava portanto desprogramar os TOMAHAWKS orientados contra Leningrado ou Moscou, dirigindo-os contra Bagdá ou Basra... Sabemos o que veio depois, com o lançamento, em 1998, dos mísseis Cruise sobre Cartum e o Afeganistão.

Arma favorita na guerra do Golfo Pérsico, assim como os antimísseis PATRIOT, os mísseis de cruzeiro TOMAHAWK inauguravam a desregulamentação da dissuasão nuclear: e "ataques PREEMPTIVOS" (convencionais ou não) passou a ser o novo nome da OFENSIVA pós-clausewitziana, assim como o fora a "política da canhoneira" para as potências navais ocidentais até o começo do século XX.

Adeptos da velha teoria naval do *"fleet in being"*, as potências anglo-saxônicas acabam de estender sub-repticiamente ao espaço aeronaval e aeroter-restre a lógica da força que consistia em poder sur-preender o adversário sem engajar o conjunto da tropa e sem declaração de guerra... *em suma, sem precisar pôr a mão na massa!*

Depois da *ofensiva terrestre,* a invasão dos países contíguos da "linha de frente", hoje ultrapassada, temos agora a *ofensiva aero-orbital*[9]. Depois da política da canhoneira do comodoro Perry, forçando o Japão a se abrir ao comércio internacional em 1853, temos agora a política do míssil de cruzeiro, a continuidade do céu aberto superando a contiguidade das fronteiras terrestres.

Compreende-se que a China do Celeste Império, assim como o Japão, outrora vítima desse tipo de política INVASIVA, se preocupem atualmente com esse renascer da ambição ocidental de controlar, se não o "direito internacional", pelo menos o espaço-tempo de sua soberania nacional.

O outro aspecto da "revolução dos assuntos militares" relaciona-se, evidentemente, com as armas NÃO-LETAIS, cujo objetivo já não é tanto destruir, e sim neutralizar o inimigo.

---

9. P. Brunet, "La défense laser anti-missiles en examen", *Air et Cosmos,* 21 de maio de 1999.

Nessa perspectiva aparentemente "humanitária", os bombardeios com grafite do mês de maio, que consistiam em *apagar o sistema elétrico da Sérvia, sem destruir sua infra-estrutura de base,* assemelham-se aos efeitos ecológicos da bomba de nêutrons. Bomba atômica destinada a exterminar os combatentes inimigos, sem destruir seus equipamentos e sem contaminar por muito tempo o seu meio ambiente. Tanto em um como em outro caso, a eliminação que se busca é sempre a da vida, da vitalidade energética do adversário.

Mas deixemos de lado, por enquanto, esse aspecto do arsenal pós-moderno. Desde o conflito do Vietnã e graças à ajuda de vários prêmios Nobel de física, os Estados Unidos desenvolviam, com o *campo de batalha eletrônico,* armamentos cujo objetivo declarado já não era tanto a destruição pura e simples, mas efeitos induzidos de transformação do ambiente do combate e de modificação da personalidade dos combatentes: *desfolhantes* de dioxina, como o agente laranja. Bombas poderosas, capazes de criar, *ex abrupto,* uma clareira na cobertura vegetal para facilitar a entrada de helicópteros de combate. *Incapacitantes* químicos capazes de perturbar o estado de consciência do soldado, etc.

Obstruída pelos extremos da bomba atômica e de sua capacidade de desintegração que se tornou termonuclear, a logística americana engajou-se na

ESTRATÉGIA DA DECEPÇÃO

pesquisa e no desenvolvimento de um novo tipo de arsenal, em que *a eclosão de acidentes de todo tipo logo iria superar a ruína e a morte das pessoas pela deflagração molecular ou nuclear de explosivos.*

Esse era um aspecto particularmente desconcertante do complexo industrial-militar, mas de qualquer forma um aspecto contemporâneo da corrente anglo-saxã de pensamento ecológico.

A guerra pura de qualquer concretização "apocalíptica", representada então pela dissuasão Leste/ Oeste e sua corrida armamentista, levava à busca de *armas puras* capazes, se não de garantir a vitória sem derramamento de sangue, pelo menos de relativizar seu impacto simbólico midiático – principalmente quanto ao sangue dos soldados. *Guerra limpa,* que superava o princípio da *guerra justa* dos antigos defensores do mundo livre...

Finalmente, não se poderia compreender a deflagração dessa guerra totalmente nova dos "direitos humanos" nos Bálcãs, sem essa confusão inicial entre o "militar" e o "humanitário", que não se iniciou, como muitas vezes se previu, depois da guerra contra o Iraque, nem aliás com a desastrosa intervenção americana na Somália, mas sim, há mais de trinta anos, no Vietnã, com a mutação pós-moderna do *arsenal da guerra total.*

Quando James Shea, o porta-voz da Otan, declarou a propósito dos danos colaterais no Kosovo que "Já não há conflitos sem sua cota de acidentes", ele nem tinha idéia de quanto havia de verdade em sua afirmação!

Com efeito, com a revolução dos assuntos militares do Pentágono, *a grande cota de acidentes* não vai parar de crescer e de acarretar a maior das confusões, entre a declaração oficial de objetivos (atingidos ou não) e a oficiosa e discreta determinação de provocar *acidentes sistêmicos* e outras "reações em cadeia" no campo do adversário.

Aqui, o modelo da contaminação viral e da irradiação (atômica ou cibernética) é patente: já não se trata tanto de *fazer explodir* uma estrutura, mas de *neutralizar a infra-estrutura* do adversário, criando em seu meio e à sua volta *a pane e o pânico* pela interrupção brutal de toda atividade coerente e coordenada.

De fato, já não se trataria tanto da busca da vitória ou da paz, mas da busca, infatigável para os Estados Unidos, de uma passividade do adversário e do concorrente.

Assim, a conquista da ubiqüidade PANÓPTICA desembocaria na conquista da PASSIVIDADE, o jugo da confusão dos espíritos superando as vitórias militares de outrora; a antiga escravização dos vencidos dá lugar agora à submissão de uma opinião pública desconcertada pelo caos técnico.

Como não adivinhar, também aí, que a *INFOR-*

MATION WARFARE tem tudo a ganhar nessa evolução imponderável em matéria de desorganização do campo de batalha?

Com suas bombas lógicas, seus vírus informáticos, seus Bugs do Milênio (Y2K) e outras desorganizações sistêmicas – como a do *GLOBAL POSITIONING SYSTEM*, no verão [europeu] de 1999 – a guerra justa e limpa (ou quase) da Otan nos Bálcãs ilustra muito bem a próxima *militarização do acidente* e a busca encarniçada – depois da do *acidente local* dos gases de combate ou das bombas sujas do século XX – desse *acidente global* capaz de desestabilizar, no século XXI, a vida cotidiana das nações, sua economia, pela interrupção súbita de seus sistemas energéticos, e isto na ausência evidente de qualquer *declaração de guerra.*

Dado que a bomba INFORMÁTICA vem completar a ameaça apocalíptica da bomba ATÔMICA, com um risco propriamente *cibernético,* pode-se entender melhor a contratação recente dos *hackers* e outros piratas informáticos pelo Pentágono-capitalismo, bem como a preocupação aparente ou simulada do Departamento de Defesa diante de um possível PEARL HARBOUR ELETRÔNICO, uma vez que os conflitos futuros se encerram menos pela derrota ou vitória de um ou outro protagonista que por nocaute – *o caos transpolítico das nações.*

Depois da explosão no deserto do Novo México e principalmente depois das explosões de Hiroshima e de Nagasaki, houve o momento, abençoado para os Estados Unidos, em que *a dissuasão atômica não era partilhada,* nem mesmo com algum adversário/parceiro, como mais tarde aconteceu com a União Soviética. PRIMEIRA DISSUASÃO. Em seguida, houve a degenerescência progressiva dessa *dissuasão absoluta* com o equilíbrio do terror entre o Leste e o Oeste, que foi chamada dissuasão do FORTE pelo FORTE. Mais tarde ainda, essa teoria maximalista da Destruição Mútua Garantida (MAD) terminou por levar ao poder igualador do átomo e à dissuasão do FORTE pelo FRACO, cujo exemplo histórico é a *"force de frappe"* [força de ataque] do general De Gaulle, exemplo de identificação da soberania do Estado com a posse da arma atômica.

Enfim, com a era da proliferação das armas nucleares, a teoria da dissuasão do LOUCO pelo FORTE, marcada pelo contínuo conflito contra o Iraque, abriu a caixa de Pandora do delírio militar, evitando, porém, depois das experiências nucleares da Índia e do Paquistão – hoje em guerra na Caxemira – de inovar a última das teorias: a dissuasão do FRACO pelo FRACO... Exceto se imaginarmos que, chegado a esse patamar, o poder do átomo de igualar desapareça, para dar lugar a uma teoria absurda, a dissuasão do LOUCO pelo LOUCO!

Diante dessa longa decadência "geoestratégica" da história contemporânea, que, por sua própria instabilidade, constitui uma grande ameaça à paz, a vontade recente de passar por cima da soberania das nações valendo-se do famoso *dever de intervenção humanitária* aumenta o caos e a ameaça de desestabilização geopolítica do mundo.

Nesse sentido, a primeira guerra da Otan na Europa oriental inaugura mal a capacidade dos Estados Unidos de garantir uma paz durável, na era da proliferação mundial, frente aos perigos que acabamos de evocar rapidamente. Como não se pode *suprimir a bomba,* decide-se então *suprimir o Estado,* um Estado-nação a partir de agora acusado de todos os vícios "soberanistas", de todos os crimes "nacionalistas" e, isto, isentando-se um complexo industrial-militar e científico que entretanto não parou de inovar, já faz um século, o horror... acumulando os armamentos mais aterrorizantes, desde os gases asfixiantes e as armas bacteriológicas, até a arma termonuclear, enquanto não vêm as devastações da bomba informática ou ainda as de uma bomba genética capaz não mais de suprimir o Estado-nação, mas o povo, a população, pela modificação "genômica" da espécie humana.

Não é portanto de estranhar a constatação de que, independentemente do resultado político do pós-guerra dos Bálcãs, esse conflito constitua a virada do milênio. Retomando, desta vez de forma definitiva, *a corrida aos armamentos* de supremacia (aeroespacial e atômica) ou, em outras palavras, a *corrida ao esgotamento* econômico das nações, a primeira guerra da Otan inaugura, em nome dos direitos humanos, o "desequilíbrio do terror" entre o Oriente e o Ocidente.

Diante dessa fuga para a frente, mas principalmente dessa "fuga para o alto" rumo à supremacia global, os Estados Unidos buscam reencontrar o momento abençoado de uma segunda DISSUASÃO, sem adversário e sem parceiro; daí a pouca importância que o Departamento de Estado e o Pentágono deram ao fiasco do Kosovo... fiasco da Otan, que fortalece a última grande potência em sua vontade de garantir para si, no século XXI, uma hegemonia completa sobre a mundialização econômica e política, em detrimento de uma *guerra de coalizão* que mostrou claramente as suas limitações, da mesma forma que a velha *política de coalizão* pacífica preconizada pela ONU.

Em 14 de abril de 1999, menos de um mês antes do fim do conflito dos Bálcãs, o assessor do presidente Clinton para assuntos relativos à Europa, senhor Daalder, afirmou: "A Otan não atingiu seu objetivo mínimo no Kosovo. O fracasso é patético."

O que de qualquer forma é patente, dez anos depois da queda do muro de Berlim, é a incompetência da comunidade européia para garantir uma soberania política qualquer em matéria de defesa de um continente que entretanto acaba de viver, durante o século XX, uma verdadeira *guerra de cem anos.*

4

*Nada ainda constitui um programa,
mesmo o niilismo é um dogma.*

CIORAN

Em junho de 1999, a Organização das Nações Unidas para a Alimentação e Agricultura (FAO) informava que trinta países – dezesseis dos quais na África – sofriam de carência alimentar grave. Dessa lista constava, particularmente, a Iugoslávia.

O deserto se espalha, como se costuma dizer. Não é o deserto que se espalha pelo planeta, mas o *terreno vago* das periferias, lá onde sobrevivem, sem jamais se misturar, a multidão dos microcosmos étnicos – nas cidades-dormitório, cidades de trânsito, conjuntos habitacionais precários...

Recentemente, quando se perguntava aos jovens norte-africanos por que não queriam continuar na África do Norte e preferiam emigrar, eles respondiam, com a simplicidade do óbvio: *"Porque aqui não há nada que se possa conseguir!"* Eles poderiam muito bem ter dito: *"Porque isto aqui já se parece com o deserto!"*

Os deportados dos campos das periferias não são, como se comprazem em repetir nossos ministros, "selvagens" ou mesmo "novos bárbaros". Na realidade, eles apenas indicam o surgimento irresistível de uma privação e de uma miséria humana praticamente desconhecidas até então.

Dejetos de uma civilização industrial-militar e científica que se dedicou durante quase dois séculos a despojar os indivíduos do *saber* e do *saber-fazer* acumulados de geração a geração ao longo de milênios – enquanto não vinha um movimento pós-industrial que agora pretende bani-los, em vista de sua inutilidade definitiva, para *zonas em que não existe direito,* onde são lançados totalmente indefesos pela violência de carrascos de um novo tipo.

Inútil, pois, especular sobre os aspectos regionais do conflito iugoslavo, quando se compreende que já não é mais a CIDADE-MUNDO, mas o GRANDE SUBÚRBIO MUNDIAL que agora vem se estender às portas orientais da Europa[1].

O grande subúrbio, com seus bandos de predadores – como os membros do UCK (Exército de

---

1. "Origem da BAN-LIEUE (subúrbio), ao mesmo tempo jurisdição de interdito e distância linear e horária...", P. Virilio, *Velocidade e política,* Estação Liberdade, 1996. [A palavra francesa *banlieue* (subúrbio) contém, no elemento *ban,* a idéia de interdição. N.T.]

Libertação do Kosovo) ou os paramilitares sérvios – cujos métodos e excessos (seqüestros, extorsão, tortura, assassinato, tráfico de armas e de drogas, etc.) se confundem perigosamente com os das famílias mafiosas e outras "honoráveis sociedades" européias, americanas, asiáticas...

Aliás, os aliados aprenderam, à própria custa, quando de sua ofensiva contra os sérvios: os grupos paramilitares a quem tinham fornecido armas preocupavam-se pouco em fazer a guerra, e preferiam mil vezes *dar uma banana à guerra, concentrando-se em lugar algum*[2].

Em contrapartida, quando, a partir do final de junho de 1999, os refugiados albaneses começaram a voltar ao Kosovo, ficou evidente que a "fronteira aberta" permitia que os chefes e os responsáveis pelas máfias da região de Kukës e de Tropoje começassem a se estabelecer na região.

"Nas estradas, escreve um correspondente, circulavam cada vez mais veículos pesados com os vidros pintados, licenciados na Albânia e até sem placa alfanumérica. Há dois dias, esses homens do crime e do tráfico chegaram a Mitrovica e Pristina depois de se terem instalado na região do Pec[3]."

---

2. A propósito dos perigos das "guerras populares", cf. *Da guerra,* C. von Clausewitz, Martins Fontes, 1996.

3. *Le Journal du Dimanche,* 27 de junho de 1999.

A fluidez dessa osmose criminosa explica em grande parte a expansão do caos e da ruína na América Latina, na África, onde, como observava Jimmy Carter: "Atravessando o continente, o viajante percorre continuamente países presas de conflitos que não interessam a ninguém."... E poder-se-ia acrescentar: *que não acabam nunca.*

Balcanização, sicilianização, endocolonização são apenas vocábulos caducos dessa guerra permanente, não mais *civil,* mas *feita contra os civis,* essa perpétua ameaça que, mais cedo ou mais tarde, provoca a emigração pânica de populações locais – pilhadas, extorquidas, violentadas – para os últimos eldorados onde ainda existe um *Estado de Direito.*

Essa trágica dissolução do *direito dos povos* que assinala a reviravolta fundamental em execução num planeta arruinado, onde *logo não existirá nada que se possa conseguir.* No século XXI, não tenhamos dúvidas, o abandono do antigo *antropocentrismo* estará mais do que nunca na ordem do dia.

Por exemplo, com o surgimento de novos condicionamentos biopolíticos, em que *o outro* já não será considerado um *alter ego,* nem mesmo um inimigo eventual com o qual a reconciliação sempre é possível – mas antes como *uma presa última.* Em sua época, Nietzsche previu a chegada iminente dessa nova misantropia, *uma antropofagia que não teria um ritual particular,* dizia ele.

A menos que as inovações revolucionárias das biotecnologias, abolindo os últimos tabus de uma humanidade degenerada, já nos tenham introduzido, à nossa revelia, nessa nova biocracia.

Novo aspecto revelador dessa mutação iminente, assistiu-se nos Bálcãs – dez anos depois da derrocada ideológica da União Soviética – à ruptura da *frente moral*, que, em nome da "defesa dos valores do mundo livre"[4], pretendia até então justificar as intervenções militares ocidentais.

O discreto abandono dos velhos "programas para a paz mundial" dos anos 40 explica por que o posto de porta-voz ou, pior ainda, de comentarista do tecnodesfile americano dos Bálcãs era o mais arriscado do organograma da Otan: "Em quarenta dias de conflito, três altos funcionários se queimaram no fogo da informação. Nenhum deu conta do recado: comentários confusos, explicações contraditórias, inverdades flagrantes – foi preciso cortar-lhes a palavra por falta de credibilidade [...] Espera-se que o próximo a subir ao front das mídias fique mais de uma semana[5]."

---

4. Em 6 de janeiro de 1941, o presidente Roosevelt apresentou ao Congresso americano sua célebre mensagem sobre as "Quatro liberdades humanas". Texto que, de sistema social, irá se tornar objetivo de guerra – principalmente no "Programa para a Paz Mundial", Carta do Atlântico, de 14 de agosto de 1941.

5. *Le Figaro*, 7 de maio de 1999.

Como dirá um jornalista da rede de televisão francesa TF1: *"Eles já não estão entendendo mais nada dessa história."*

Para que, diante da opinião internacional, a *guerra de posição* do Kosovo não se tornasse uma *guerra suja,* urgia, pois, como observou Pierre-Luc Séguillon, em 28 de maio no LCI: "...que o indiciamento de Slobodan Milosevic pelo Tribunal Penal Internacional para a Iugoslávia (TPI) venha enfim legitimar o combate dos aliados e uma guerra desencadeada pela Otan em violação não apenas da Carta das Nações Unidas, mas igualmente da Carta da aliança atlântica. A primeira, ao autorizar o recurso a uma ação armada unicamente para fazer aplicar uma decisão do Conselho de Segurança. A segunda estipulando que a aliança é uma organização defensiva e que seus membros se empenham em resolver por meios pacíficos qualquer conflito nos quais venham a se envolver."

De fato, não restaria mais nada dessas disposições ideais quando, em 2 de junho, pouco depois da incriminação de Milosevic pela procuradora Louise Arbour[6], a Corte Internacional de Justiça

---

6. Em 10 de junho de 1999, quinta-feira, no próprio dia do fim das hostilidades na Iugoslávia, a procuradora Louise Arbour demitia-se do Tribunal Penal Internacional para assumir um cargo importante na hierarquia judiciária de seu país. Essa magistrada canadense foi a primeira a incriminar um chefe de Estado estrangeiro no exercício de seu cargo.

de Haia indeferiu a queixa apresentada pela Sérvia pedindo a suspensão dos bombardeios aliados. Essa recusa do velho órgão jurisdicional das Nações Unidas praticamente não terá nenhuma repercussão nas mídias ocidentais.

Acontecimento fora dos padrões, a "justiça das nações" se apagava discretamente diante do TPI, essa montagem judiciária encarregada de legitimar às pressas uma guerra ilegal, mas que tinha grande necessidade de legitimar sua própria existência, como aliás salientou Jean-Jacques Heintz, em 7 de junho de 1999, durante um colóquio organizado pela Faculdade de Direito de Nantes.

Esse magistrado francês, responsável pelo arquivo do TPI, declarava, em suma, que se tratava de um "laboratório judiciário" *que, para justificar sua existência,* tinha inicialmente tentado abrir "pequenos processos" e que, de resto, não dispunha dos meios para interpelar os culpados.

Naquele mesmo dia, corria a notícia de que dois sérvios bósnios, incriminados por essa "corte de justiça experimental", tinham sido detidos em Prijedor, no sudoeste da Bósnia, por militares ingleses da KFOR. Isso elevava a 31 (num total de 66) o número de incriminados por "pequenas causas" que caíram nas mãos de uma polícia ao mesmo tempo militar e não-nacional, como o confirmou a Otan, em 18 de junho, dando procuração às forças dispostas no

Kosovo para auxiliar os investigadores do TPI... enquanto se esperava a vinda anunciada do FBI.

Estado de sítio, tribunais de exceção, em meio às inúmeras violências de uns e aos "laboratórios judiciários" de outros – cabe perguntar, como o senhor Owen, de Jack London, se, num futuro próximo, ainda existirá no planeta *alguma coisa que se possa chamar de direito civil.*"

A propósito desse "mar de opiniões flutuantes" no qual a nova legislação internacional tenta, na medida de suas possibilidades, navegar, coloca-se a questão de saber por que um tipo de agressão (primitivo – o de Milosevic) é julgado criminoso pelo TPI, enquanto que outro (*high-tech* – o da Otan) não mereceu ser levado em consideração por uma jurisdição internacional como a de Haia. Seria porque desde o conflito do Golfo Pérsico as forças americanas não pararam mais de se vangloriar da "precisão cirúrgica" de seus ataques?

Poder-se-ia então supor que uma *guerra justa* seria aquela em que se mira o alvo *com justeza,* quando então o alto nível tecnológico de um ataque tornar-se-ia ao mesmo tempo sua garantia moral e legal... Contudo, a certa altura do conflito na Sérvia, a Otan perdeu essa suposta inocência *high-tech,* quando intensificou brutalmente seus bombardeios, revelando assim sua vontade de prejudicar de forma durável o conjunto das populações civis da região, mediante a destruição sistemática de seu hábitat.

A partir daí, a opinião pública passou a se voltar contra os aliados, e cada um passou a se perguntar, um pouco tarde demais, se essa guerra humanitária e seu arsenal *high-tech* não constituíam, na realidade, uma dupla de gêmeos antípodas do tipo Jekyll e Hyde.

Se fosse o caso de se ater ao credo *high-tech* do bom doutor Jekyll, todo método de disseminação da violência destinado a impingir às populações o máximo de sofrimentos deveria ser afastado de pronto desse conflito – como essas *estratégias de longo prazo* a que Hyde, infelizmente, está acostumado, com a aplicação de bloqueios econômicos (Cuba, Líbia, Iraque...) geradores de marasmo social, sanitário, institucional... ou ainda o apoio dado a grupos paramilitares fortemente armados (os catangueses de Joseph Kennedy, os khmers vermelhos, os talibans, a UCK), favorecendo a expansão das zonas da periferia mundial em que não há direito. Começamos a perceber que todas essas atuais sutilezas jurídicas não passam de matéria de decepção – uma desinformação em escala industrial – destinada a mascarar a ruptura da aparente *eqüidade* que, até o caso do Kosovo, parecia reinar entre as grandes nações democráticas. Advogados sem fronteiras, juízes sem fronteiras, tentativa de criação em Haia de uma CPI (Corte Penal Internacional), espécie de camaleão do TPI para a Iugoslávia e Ruanda – do qual três dos principais países do mundo se recusam a participar, dois deles membros permanentes do Conselho de Segurança: os Estados Unidos e a China...

As antigas relações internacionais não sobreviverão ao desaparecimento dessa *imparcialidade* – essa justiça moral independente do direito – que estaria implícita nas ações armadas decididas em comum pelos aliados do velho Conselho de Segurança da Organização das Nações Unidas.

Quando a arquitetura das leis *de salvaguarda se transforma em ameaça,* é difícil acreditar imediatamente na desqualificação – no entanto flagrante – de jurisdições que são a herança de uma ordem estabelecida já antiga. Nos Bálcãs, já não se tratava, para os Estados Unidos, de instaurar uma *guerra justa,* mas uma guerra *legítima,* ou até legalista – em função dos interesses da última superpotência do mundo e de sua supremacia absoluta, principalmente nos domínios da vigilância e da informação por meio de satélites.

Como nos tempos da antiga estadolatria romana – da qual os americanos se tornaram fervorosos admiradores – deveriam, pois, ser perseguidos, marginalizados, arruinados e castigados, como culpados de *crime de antiamericanismo,* qualquer atividade, chefe de Estado ou de regime considerados perigosos por esse novo legalismo unilateral de que o macarthismo da década de 50 já nos dera uma idéia, enquanto não vinham – para nos esclarecer mais ainda – os múltiplos bombardeios sem autorização no Iraque e em outros lugares.

Legalismo à Tito Lívio, novo *direito cadastral* exercido a partir do espaço pelos Estados Unidos, à imagem da antiga divisão em centúrias: "marca indelével de uma tomada de posse da Terra, que divide para dominar, fundamento da educação das massas[7]."

"Treme e obedece!" O fim do equilíbrio do terror nuclear e a nova supremacia mundial dos Estados Unidos exigiam o realinhamento do velho front do medo.

Depois da queda do muro de Berlim, assistiu-se ao desenvolvimento de uma estranha "defesa do gênero humano", popularizada na mídia por numerosos *teletons* e outros shows interativos (sociais, sanitários, ecológicos...). Na realidade, eles se destinavam a preparar os espíritos para grandes manobras humanitárias, muito menos pacíficas, como as do Kosovo. Manobras bem-sucedidas, uma vez que

---

7. Coronel Barrader, *Fossatum Africae,* Éditions Arts et métiers graphiques, 1949.

se pôde constatar, na ocasião, "o nascimento de um imenso impulso de solidariedade em favor dos kosovares, apoiado pelas vedetes do *showbiz*, do cinema, das finanças...".

Aqui, *o humanitário* substitui o *missionário* do massacre colonial, ou o *messianismo* das últimas carnificinas mundiais, perturbando até pressupostos religiosos ocidentais, voando em socorro de populações muçulmanas que em princípio lhes são hostis. *"A fé começa pelo terror"* – a divisa do teólogo é mais do que nunca atual – dado que a propaganda de guerra, como a *propaganda fide* (a propagação da fé religiosa da qual deriva), são as formas mais antigas de marketing publicitário.

Por isso, seria conveniente, ao final do equilíbrio do terror, substituir o medo partilhado do fogo nuclear – o que chamei de *fé nuclear* – pela administração de múltiplos terrores íntimos e cotidianos. Portanto, ao lado de um terrorismo ordinário cada vez mais ativo, o público pôde ver, durante a última década do século XX, os anúncios publicitários repulsivos como os da Benetton ou ainda os grandes espetáculos que se fizeram em favor da luta contra a Aids, o câncer, etc., com a exibição, diante das câmeras, de doentes terminais, de deficientes incuráveis... *"Prevenir é curar!"* Ameaças veladas, eugenia rasteira, terrores secretos, motivos de desconfiança, de mal-estar, de ódios recíprocos.

Enquanto isso, acompanhamos os sucessivos comunicados televisivos mostrando a miséria dos kosovares, portadores absolutamente involuntários de uma mensagem subliminar: Estão vendo, nenhum de nós foi poupado: mulheres, crianças, idosos, pobres ou ricos – todos fugimos depois de ter perdido tudo – preparem-se; porque, se vocês não tiverem cuidado, *amanhã será a sua vez*!

Diante da opinião pública, o exercício inédito do novo direito de intervenção nos assuntos internos de uma nação soberana sem dúvida teria sido impossível sem essa longa preparação psicológica, *esse cinema total* nascido durante a guerra fria com a desneutralização das mídias Leste/Oeste e, em março de 1983, a assinatura, pelo ator-presidente Ronald Reagan, da *National Security Decision – Directive 75*, primeiro esboço do Projeto Democracia, chamando a um maior esforço americano em matéria de propaganda para "acompanhar as medidas de repressão econômica e o esforço militar dos Estados Unidos" – um presente distribuído principalmente na *Europa central e oriental*, para apoiar as ações desenvolvidas por minorias e sindicatos livres no interior das nações do bloco do Leste.

Assim, quando em abril de 1999, no início do caso Kosovo, o britânico Tony Blair declarou que diante desse conflito a defesa dos "novos valores" devia suplantar a das fronteiras históricas das na-

ESTRATÉGIA DA DECEPÇÃO

ções, ele estava repetindo literalmente os termos da velha *Directive 75,* de Reagan.

Em maio de 1999, Theodore Pangalos, ministro das Relações Exteriores da Grécia, observou, a propósito dessa *reviravolta topológica* das nações desejada por Washington: "Aqui são os Bálcãs. E ninguém pode dizer quais serão as fronteiras de amanhã, se hoje se muda uma só delas."

Bastante experiente, o ministro da Grécia sabia que não se tratava de uma operação pontual desencadeada no Kosovo, mas de um longo processo de decomposição geográfica das nações, na Europa e no mundo.

Poderíamos substituir a questão muitas vezes colocada ao longo do conflito: "Mas que querem os Estados Unidos nos Bálcãs?", por esta outra: Que queria a Otan nos Bálcãs?

Um grande número de americanos contrários a essa ação militar contentou-se em pensar, como o ex-presidente Carter, que: "Para não se desmoralizar, a Otan não podia mudar *o que já estava feito!"* Em outras palavras, todos estavam mais ou menos conscientes de terem sido colocados *diante de um fato consumado.*

Portanto, parece que já é tempo de chamar as coisas pelo devido nome, prendendo-se estritamente à realidade dos fatos: no Kosovo, assistimos a um *putsch mundialista.* Ou seja, à tomada de poder por um grupo armado não-nacional (a Otan), que fugiu ao controle político das nações democráticas (a ONU) – à prudência de sua diplomacia e a suas jurisdições específicas.

Agora se pode compreender melhor até que ponto a *legitimação* dessa situação de fato *puramente revolucionária* precisava da *versão para o grande público* dos acontecimentos que nos foi servida, para que se obtivesse um consenso popular. Depois do estratagema humanitário um tanto rançoso, teremos o julgamento, *para que sirva de exemplo,* de um chefe de Estado ainda em exercício, espécie de *fatwa* à maneira ocidental que apresenta a dupla vantagem de convencer a opinião pública do direito de intervenção militar aliada e de servir de advertência salutar a todo chefe de governo que não adotar os misteriosos *novos valores* ditados pelo TPI...

A adesão ao militar/humanitário substitui o militar/libertador, que depois será suplantado pela nobre figura do justiceiro armado. Como a providência faz as coisas certas, anunciou-se, na primeira semana de julho de 1999, que as tropas britânicas da KFOR haviam descoberto em Pristina documentos sérvios provando "o planejamento meticuloso da limpeza étnica pelas autoridades de Belgrado". Para multiplicar o efeito dessa descoberta oportuna e dar-lhe o devido destaque informacional, tirou-se do cofre de um pequeno museu nas cercanias de Los Angeles, na mesma época, um documento secreto que lá estava guardado havia cinqüenta e quatro anos.

Trata-se – como se divulgou – do original das *Leis de Nurembergue,* texto assinado pela mão de Hitler às vésperas das concentrações nazistas de 1935 e no qual já se encontrava codificada a "solução final".

A propósito disso, um jornalista escreveu: "Os ditadores sempre têm necessidade de dar uma aparência de legitimidade a seus desejos mais sombrios[8]."

Como se aquelas "revelações" não justificassem principalmente o *putsch* da Otan e a sucessão de golpes de Estado internos e externos, que os velhos aglomerados nacionais agora têm todos os motivos para temer.

Da mesma forma, a tragédia albanesa esclarece *a posteriori* a eclosão aparentemente aberrante do caso Clinton/Lewinski, que pode se revelar agora como a preparação da opinião mundial para a nova revolução militar.

Em 1998, os ataques obscenos de Kenneth Starr, a difusão planetária das confissões de Clinton, fizeram do presidente motivo de chacota do mundo,

---

8. *Le Journal de Dimanche,* 4 de julho de 1999.

mas, principalmente, *joguete do Pentágono*. Era necessário também que em 1999 ainda não se destituísse esse presidente adúltero, ex-insubmisso e defensor dos *gays*, desprezado por um exército americano que se quer puritano.

No momento do conflito do Kosovo, quando a popularidade do presidente Clinton atingiu seu nível mais baixo nas pesquisas, muitos de seus compatriotas começaram a compreender que o poder político que ele deveria defender havia sido, por sua causa, não apenas ridicularizado, mas espoliado, e que, para o modelo democrático, o caso dos Bálcãs era talvez o *começo do fim*.

"O que precede um acontecimento não é necessariamente a sua causa", dizia a sabedoria antiga. O século que está terminando nos provou na maior parte do tempo o contrário, e agora ninguém mais pode se dizer livre do determinismo e da determinação industrial-militar e científica.

Nessa corrida para a *essência absoluta da guerra*, com a qual já sonhava Clausewitz: "Operação única com um só objetivo final, definitivo, no qual todos os objetivos particulares terão sido confundidos." Corrida rumo a um Estado global, universal, saído diretamente do status quo nuclear, tal como o mostrará o físico Werner Heisenberg em *Physics and*

Philosophy[9], ou, um pouco mais tarde, Ernst Jünger[10].

Será preciso, nessa dramaturgia totalitária, considerar qualquer informação, qualquer acontecimento, como um desses objetivos particulares destinados a se fundir nessa operação única?

Oito semanas depois do começo dos bombardeios da Otan, a difusão por satélite da Rádio Televisão Sérvia (RTS) seria interrompida – violando de fato o princípio de não-discriminação respeitado até então pela Eutelsat, e fazendo pouco, mais uma vez, das resoluções do Conselho de Segurança da ONU.

Na mesma ocasião, um porta-voz do Departamento de Estado americano desmentia formalmente os boatos sobre a iminência de uma ação dos Estados Unidos para cortar as conexões da Internet da Iugoslávia com o resto do mundo.

Contrariamente ao que se dá com a clássica televisão local, a Web, cujo incremento se fez à custa de milhões de dólares depois da guerra do Golfo, naturalmente tem o seu papel no conflito dos Bálcãs.

De origem militar, a Internet tem objetivos militares e desempenha, no domínio da informação, o mesmo papel que a *interferência* nas emissões inimigas nas guerras mundiais anteriores.

---

9. Harper & Brothers, Nova Iorque, 1958.
10. *L'État universel,* Gallimard, NRF, 1962.

Como observava com justeza Negroponte: com a "liberação da informação" na Web, o que mais falta *é o sentido,* em outras palavras *um contexto* em que os internautas pudessem situar os fatos e distinguir assim o VERDADEIRO do FALSO.

Na Web, onde, como todos sabem, a tentação terrorista é constante e onde os danos causados pelos *hackers* se sucedem impunemente numa estranha indefinição jurídica, a diferença entre informação (verdadeiro) e decepção (falso) torna-se cada dia mais apagada.

A travessia dos espelhos da televisão e dos computadores domésticos termina por nos colocar na posição dos velhos combatentes de William Kinglake, para os quais a olho nu o campo de batalha não tem nem unidade, nem comprimento, nem largura, nem profundidade, nem dimensão, nem forma, e não é composto de nada. *"Nessas condições, cada um continua a travar sua própria pequena batalha numa feliz e propícia ignorância da situação geral (que digo?), muitas vezes até na ignorância do fato de que uma grande batalha está sendo travada."*

Como dizia Albert Camus: *"Quando todos formos culpados, teremos chegado à verdadeira democracia."*

Todos culpados, todos voluntários para as grandes manobras interativas da *information warfare,* e principalmente ignorando que se está travando uma batalha decisiva.

"Pela primeira vez, não há mais diferença entre a política interna e a política externa", declarou no ano passado o presidente Clinton. Nesse empreendimento metapolítico que se propõe transformar o planeta em um subúrbio único, qualquer sinal de desvio do penal para novas tarefas não-nacionais assume forçosamente um sentido. Como por exemplo a criação, nestes últimos anos, dessas curiosas "Comissões de Ética" encarregadas de convencer a opinião pública da inocuidade das ciências experimentais, atualmente bastante aviltadas. Compostas de elementos disparatados, de especialistas técnicos e científicos, de raras personalidades "morais" e agora também de representantes dos grandes trustes, essas instituições improvisadas, como todos sabem, há muito tempo têm as suas recomendações ridicularizadas pela reconversão dos institutos e dos grandes grupos dos países mais industrializados do mundo (G-8), que passam em poucos anos da química à farmácia e às biotecnologias – esses mesmos oito países que, cabe lembrar, elaboraram o plano de paz apresentado a Milosevic, tomando, mais uma vez, o lugar da ONU!

Da mesma forma, quando os novos "laboratórios judiciários" pretendem legitimar sua existência pela recuperação de uma ética que se reporta ao grande processo de Nurembergue (25 de novembro de 1945 – outubro de 1946), a comparação parece particularmente infeliz.

Para que isso fique claro, convém lembrar que no curso desse processo sem precedentes, instaurado por um tribunal militar internacional contra vinte e quatro membros do partido nazista e oito organizações da Alemanha hitlerista, tratava-se de acusações por crimes de guerra, mas principalmente por CONSPIRAÇÃO CONTRA A HUMANIDADE.

Essa acusação era notavelmente precisa, pois indicava que, para além dos terríveis massacres dos campos de batalha, da devastação das cidades bombardeadas, crimes de um novo gênero tinham sido tramados e cometidos no segredo dos campos de deportação da guerra total – e isto, cabe observar, graças à reforma de um sistema judiciário alemão já degradado.

O terrível segredo – que envolve o desaparecimento "biológico" de milhões de homens, mulheres, crianças; milhões de civis que acreditavam gozar da proteção de um Estado de Direito, que eles ignoravam não ser mais vigente.

Nova "ciência do homem" que negava não apenas a identidade nominal dos indivíduos, mas sua *identidade antropológica,* seu direito de pertencer à "humanidade", e o corpo vivo do homem passava a ser objeto de experiência e *matéria-prima* em tempos de penúria extrema...

Mas o tranqüilo planejamento burocrático da "solução final", descoberto por Hannah Arendt durante o processo de Adolf Eichmann, já não seria o de uma *nova antropofagia* anunciada sessenta anos antes por Nietzsche?

A partir de 28 de junho de 1999, o público podia ver, pois, no Skirball Cultural Center de Los Angeles, um dossiê selado com suásticas vermelhas que seria o original das *Leis de Nurembergue,* estabelecendo notadamente o código de discriminação contra os judeus. Segundo nos dizem, esse documento fora recolhido pelo general Patton, em abril de 1945, dos cofres de uma cidadezinha da Baviera, próxima a Nurembergue. Quando do avanço das tropas americanas na Europa, o general pôde constatar: *tudo o que estava em germe naquele dossiê tinha se tornado realidade.* De volta aos Estados Unidos, Patton confiou o documento a alguns amigos, os Huttington, que eram proprietários de um pequeno museu não longe de Los Angeles, recomendando-lhes que o guardassem no cofre, mantendo-o escondido. Posteriormente, os diferentes administradores do museu se ativeram à ordem do general e, assim, o "terrível segredo" foi cuidadosamente guardado durante mais de meio século.

Em plena instauração de *tribunais experimentais* destinados a redefinir os novos "direitos do homem" no planeta, a abertura dessa caixa de Pandora – no

fundo da qual não havia nem mesmo a Esperança –
faz pensar na reativação de um material perigoso...

E isso enquanto se trama "a industrialização do
vivo" e se elabora secretamente uma nova eugenia,
estimulando desta vez a seleção não mais natural,
mas artificial da espécie humana.

E que em pleno processo de resolução de um
"conflito humanitário" já se podem perceber os
primórdios de nosso pós-guerra na primeira página
dos jornais, com os delírios dos gurus da antropofagia histórica anunciando que, graças ao caráter aberto das ciências contemporâneas da natureza, "a biotec-
nologia fornecerá os instrumentos que nos permitirão
realizar o que os especialistas em engenharia social
não conseguiram. *Nesse estágio, teremos encerrado
definitivamente a história humana, porque teremos
abolido os seres humanos enquanto tais. Então começa-
rá uma nova história, para além do humano*[11]".

---

11. Dando continuidade, dez anos depois, aos seus trabalhos sobre
O fim da História, Francis Fukuyama, longe de constatar o ab-
surdo de sua teoria, agora profetiza: "O fim da humanidade",
Los Angeles Times, junho de 1999 – ver também *Le Monde des
Débats*, julho de 1999: "La post-humanité est pour demain".

OBRAS DE PAUL VIRILIO

Edições brasileiras

GUERRA PURA, Brasiliense, 1984
O ESPAÇO CRÍTICO, Editora 34, 1993
A MÁQUINA DA VISÃO, José Olympio, 1995
VELOCIDADE E POLÍTICA, Estação Liberdade, 1996
A ARTE DO MOTOR, Estação Liberdade, 1996
A BOMBA INFORMÁTICA, Estação Liberdade, 1999
ESTRATÉGIA DA DECEPÇÃO, Estação Liberdade, 2000

Edições francesas

BUNKER ARCHÉOLOGIE, CCI, 1975
(2ª edição: Demi-Cercle, 1991)
L'INSECURITÉ DU TERRITOIRE, Stock, 1976
VITESSE ET POLITIQUE, Galilée, 1977
DÉFENSE POPULAIRE ET LUTTES ÉCOLOGIQUES, Galilée, 1978
L'ESPACE CRITIQUE, Christian Bourgois, 1978
L'HORIZON NÉGATIF, Galilée, 1984
LOGISTIQUE DE LA PERCEPTION – Guerre et Cinéma I, L'Etoile/
Cahiers du Cinéma, 1984
LA MACHINE DE VISION, Galilée, 1988
ESTHÉTIQUE DE LA DISPARITION, Galilée, 1989
L'INERTIE POLAIRE, Christian Bourgois, 1989
L'ÉCRAN DU DÉSERT, Galilée, 1991
L'ART DU MOTEUR, Galilée, 1991
LA VITESSE DE LIBÉRATION, Galilée, 1996
PAYSAGES DE MAGNUM, Plume, 1993
UN PAYSAGE D'EVÉNEMENTS, Galilée, 1996
CYBERMONDE, LA POLITIQUE DU PIRE, Textuel, 1996
LA BOMBE INFORMATIQUE, Galilée, 1998
STRATÉGIE DE LA DÉCEPTION, Galilée, 1999

ESTE LIVRO FOI COMPOSTO EM ADOBE
GARAMOND CORPO 13 POR 17 E IMPRESSO
SOBRE PAPEL CHAMBRIL 90 g/m² NAS OFICI-
NAS DA BARTIRA GRÁFICA EM ABRIL DE 2000